R. Schaeffler

Die Religionskritik sucht ihren Partner

theologisches seminar

Richard Schaeffler

Die Religionskritik sucht ihren Partner

Thesen zu einer erneuerten Apologetik

Herder
Freiburg · Basel · Wien

Herder Druck Freiburg im Breisgau 1974
ISBN 3-451-16978-9

Inhalt

Vorbemerkung

Kritik, so lautet eine geläufige Meinung, sucht keinen „Partner" sondern ein „Objekt". Sie hat, so fügt man gewöhnlich hinzu, ihr theoretisches Ziel erreicht, wenn sie dieses ihr Objekt theoretisch „vernichtet", d.h., seinen Mangel an Existenzberechtigung nachgewiesen hat; und häufig genug sucht sie ihr praktisches Ziel darin, auch zur praktischen Beseitigung dessen aufzurufen, was „kein Recht hat, dazusein". Diese geläufige Meinung läßt sich auch auf die Religionskritik anwenden. Dann besagt sie: Religionskritik hat die Religion nicht zu ihrem Partner, sondern zu ihrem Objekt. Ihr theoretisches Ziel ist der Nachweis der Illegitimität der Religion; ihr praktisches Ziel ist deren Vernichtung. Die Tatsache, daß die Religion trotz jahrhundertelanger Bemühung der philosophischen Religionskritik noch immer besteht, und daß sie auch von denkenden Menschen, die die Argumente der Religionskritik durchaus kennen, für etwas Legitimes gehalten wird, müßte dann als ein Beweis dafür gelten, daß die Religionskritik ihr Ziel bisher noch nicht erreicht habe und auf eine Verbesserung ihrer Methoden sinnen müßte.

Die folgenden Untersuchungen verraten durch ihren Titel, daß sie eine andere Auffassung von Kritik erproben wollen. Kritik, so lautet die hier vertretene These, kommt nicht dadurch zum Ziele, daß sie durch Vernichtung ihres Objektes „recht behält". Wer recht behalten will, beharrt auf einem Standpunkt, „behauptet" seine Stellung, ähnlich wie man eine belagerte Festung „behauptet"; er beweist dadurch, daß er sich trotz aller scheinbaren Aggressivität in der Defensive befindet. Wer nicht seine Stellung behaupten, sondern von der Stelle kommen will, kann nicht wollen, daß er am Ende der Auseinandersetzung nur bestätigt findet, was er „immer schon gewußt" hat. Soll „Kritik" nicht nur ein Wort für „Selbstbestätigung" (also für „Dogmatismus") sein, so muß sie auch den Kritiker voranbringen. Dazu aber braucht sie nicht nur ein Objekt, sondern einen Partner.

Besteht diese These zu Recht, so muß sie auch für das Verhältnis der Religionskritik zur Religion gelten. Religionskritik kommt nur dann von der Stelle, wenn sie die Religion nicht nur zum Objekt hat und in ihrer Vernichtung zu ihrem Ziele (besser: zu ihrer Ausgangsposition zurück) gelangt. Sie gewinnt nur dann einen Weg, statt auf der Stelle zu treten, wenn sie in der Religion einen Partner findet. Kritische Partnerschaft aber beruht auf der Gegenseitigkeit einer Herausforderung. Darum stößt die Religionskritik ins Leere und bringt sich und ihre eigene Sache nicht voran, wenn es ihr nicht gelingt, die Religion zur Rechenschaft herauszufordern, und wenn sie nicht bereit ist, ihrerseits die Antworten der Religion als Herausforderung zur Rechenschaft anzunehmen.

Diese These enthält zugleich eine Aussage über das Verhältnis von Philosophie und Theologie; und diese Aussage hat einen indikativischen und einen optativischen Sinn. Indikativisch gefaßt, würde sie in einer Langfassung etwa so lauten: „Philosophie und Theologie können einander nicht begegnen, ohne sich gegenseitig zur Rechenschaft herauszufordern. Die Theologie nämlich ist zu einem guten Teil die Rechenschaft, die der Glaube gibt, wenn er durch die philosophische Religionskritik herausgefordert wird; und die Philosophie gewinnt ein geschärftes Bewußtsein von ihrer Eigenart und Aufgabe, wenn sie die Herausforderung der theologischen Vernunftkritik annimmt und mit einer Rechenschaft vom philosophischen Denken beantwortet."

Ein Blick in die gegenwärtige Situation des Gespräches zwischen Philosophen und Theologen freilich beweist, daß diese gegenseitige Herausforderung weithin unterbleibt oder nicht angenommen wird. Die Theologie scheint den Mut zur Herausforderung der Philosophie verloren zu haben und ist statt dessen mit erstaunlicher Beflissenheit bereit, der jeweils herrschenden philosophischen Richtung eine nachträgliche theologische Legitimation zu verschaffen. (So erging es in diesem Jahrhundert der Reihe nach der Phänomenologie Husserls und der als Existenzphilosophie verstandenen Fundamentalontologie des frühen Heidegger, der spätheideggerschen Sprachphilosophie und dem neomarxistischen Humanismus in der Fassung von Bloch oder der Frankfurter Schule.) Ist es da erstaunlich, daß die Philosophie sich durch die Theologie seit langer Zeit nicht mehr herausgefordert fühlt und mit den Argumenten der theologischen Vernunftkritik längst fertig zu sein meint?

Die Theologie ihrerseits weigert sich aber auch, die Argumente der philosophischen Religionskritik als Herausforderung anzunehmen und sich durch sie zur Rechenschaft rufen zu lassen. Diese Rechenschaft hieß früher einmal „Apologetik" – und schon das Wort ist heute in Mißkredit geraten. Die Theologie will sich und den Glauben, den sie auslegt, nicht länger verteidigen. Statt dessen pflegt sie die Argumente der philosophischen Religionskritik durch die Versicherung zu unterlaufen, sie sei mit ihr völlig einer Meinung, freilich betreffe diese Kritik „eigentlich" nicht den christlichen Glauben, sondern das in dessen Verständnis (oder besser: Mißverständnis) leider noch immer enthaltene „Religiöse". Die Theologie bekundet darum zumeist ihre dankbare Bereitschaft, jedes Argument der philosophischen Religionskritik aufzugreifen und als Mittel für die theologische Reinigung des Glaubensverständnisses von solchen „religiösen Resten" zu benutzen. Zur kritischen Kennzeichnung dieses Verfahrens ist seit geraumer Zeit der Titel „Immunisierungs-Strategie" gebräuchlich geworden; die Theologie macht sich und den Glauben gegen Kritik „immun", indem sie sich und ihn jeweils so interpretiert, daß nur die „Mißverständnisse" der Glaubensbotschaft von dieser Kritik betroffen werden. Ist es erstaunlich, daß die Philosophie das Gespräch mit dieser Theologie zwar bequem, aber doch zugleich entbehrlich findet, wenn sie dabei immer nur das Echo ihrer eigenen Argumente zu hören bekommt?

Diese Situationsbeschreibung hebt den oben angedeuteten indikativischen Sinn des Themas nicht auf. Würden Philosophie und Theologie sich begegnen, so könnte die gegenseitige Herausforderung nicht ausbleiben. Daß diese Herausforderung gegenwärtig nicht geschieht, beweist nur, daß trotz vieler (teilweise sogar institutionalisierter) Kontakte die Begegnung nicht stattfindet. Dies aber, so wird noch zu zeigen sein, gereicht beiden Partnern des abgebrochenen Dialoges zum Schaden. Die Theologie verkümmert, und die Philosophie verscherzt eine ausgezeichnete Möglichkeit ihrer kritischen Reflexion, wenn beide sich nicht mehr gegenseitig zur Rechenschaft herausfordern oder wenn sie diese Herausforderung nicht mehr annehmen.

Auf diese Weise gewinnt die Rede von „Herausforderung zur Rechenschaft" ihren optativischen Sinn. Sie enthält den Wunsch, Philosophen und Theologen sollten jenes Gespräch wieder aufnehmen, das in früheren Epochen für beide Teile so fruchtbar gewesen ist: jenes Gespräch, in welchem sie sich gegenseitig durch ihre Kritik herausgefordert und diese Herausforderung durch die Rechenschaft vom philosophischen Denken bzw. vom Glauben beantwortet haben. Weil man aber Wünsche vorwiegend dann äußert, wenn man sie nicht selbst erfüllen kann, wird der Philosoph das, was die Philosophie zur Wiedereröffnung des Dialoges zu leisten hat, selbst zu unternehmen versuchen, in der Form des Wunsches aber sich an die Theologie wenden.

Dabei wird dieser Wunsch durchaus nicht in völlig uneigennütziger Absicht ausgesprochen. Er ist vielmehr durch eine Erwartung veranlaßt, die den eigenen Nutzen der Philosophie zum Ziele hat. Denn es gibt, wie noch zu zeigen sein wird, Gründe für die Vermutung, daß die Philosophie sich um ihrer eigenen Sache willen eine starke, philosophiekritische und ihrer besonderen Aufgabe bewußte Theologie als Gesprächspartnerin wünschen müsse.

Einen solchen Wunsch aussprechen heißt freilich zugleich wenigstens in Umrissen ein Bild von der gewünschten künftigen Gestalt einer theologischen Apologetik entwerfen. Darin liegt für den Philosophen eine nicht unbedenkliche Grenzüberschreitung. Die Theologie ist mit ihrer eigenen, teilweise stürmischen Entwicklung vollauf beschäftigt, und es mag für sie geradezu peinlich erscheinen, wenn ihr neben den zahlreichen fachinternen und daher doch wohl auch fachgerecht entwickelten Reformvorschlägen auch noch eine wohlgemeinte, aber notwendigerweise laienhafte Anregung „von außen" angeboten wird.

Um diese Einmischung eines Philosophen in die Standortbestimmung der heutigen Theologie wenigstens in ihrer Motivation verständlich zu machen, seien zunächst einige kurze Bemerkungen über die Vorgeschichte dieser Schrift erlaubt.

Im Sommersemester 1972 veranstaltete die Fachschaft für Katholische Theologie an der Ruhr-Universität Bochum, ihrem Brauche gemäß, einen „dies academicus". Dazu pflegt sie einen auswärtigen Theologen und einen ortsansässigen Hochschullehrer zu Referat, Korreferat und anschließender Podiumsdiskussion einzuladen. Diesmal wurde das Thema „Atheismus" gewählt, und ich hatte als „ortsansässiger Teilnehmer" den Part der philosophischen Religionskritik zu übernehmen und auf das Referat eines auswärtigen Fundamentaltheologen zu antworten, der das Atheismusproblem aus der Sicht der katholischen Theologie darstellen sollte. Da ich vermutete, dabei auf dasjenige Verfahren zu stoßen, das ich soeben „Immunisierungs-Strategie" genannt habe, hatte ich mir für mein Korreferat zwei Ziele gesetzt:

Ich wollte zeigen, daß diese Art vorschneller Konsens-Erzeugung auf Mißverständnissen beruhe und daß sie der Theologie nur zu Schein-Erfolgen verhelfe. In den beiden ersten Thesen der hier vorgelegten Abhandlung ist zusammengefaßt, was ich dabei vorgetragen habe.

Wer solche Kritik übt, muß sich die Frage gefallen lassen, wie er sich eine „bessere" Apologetik vorstelle. Überlegungen zu dieser Frage, die ich im Anschluß an jenen „dies academicus" angestellt habe, sind in der dritten These dieser Abhandlung zum Ausdruck gebracht. Darüber, daß hier nicht ein fachgerechtes Programm einer „erneuerten Apologetik" entwickelt, sondern, unter dem Gesichtspunkt einer erwünschten kritischen Partnerschaft zur Philosophie, eine „Außenansicht" gegeben wird, bin ich mir im klaren. Deshalb möchte ich auch den Leser des nachfolgenden Versuches darüber von Anfang an nicht im Zweifel lassen. Hier werden die theologischen Fachleute gewiß manches richtigzustellen haben – falls es mir gelungen sein sollte, sie, meiner Absicht gemäß, zur Rechenschaft über ihre eigenen Aufgaben und Methoden herauszufordern.

Nun gehörte es zu meinen Wünschen an eine erneuerte Apologetik, daß sie mehr Mut zur Philosophiekritik erweise. Doch entsprang dieser Wunsch nicht einer Neigung zum Selbstmord der Philosophie, sondern der oben schon genannten Erwartung, daß die theologische Herausforderung zum Nutzen der Philosophie gereichen werde. Eine Herausforderung zu wünschen aber verpflichtet zugleich dazu, sie anzunehmen. So mußte wenigstens in Umrissen angedeutet werden, auf welche Weise die Philosophie nicht nur fähig sei, einer wieder philosophiekritisch gewordenen christlichen Apologetik standzuhalten, sondern daß sie zugleich von ihr positive Impulse für ihre eigenen, spezifisch philosophischen Bemühungen empfangen könne. Das zu zeigen ist die Aufgabe der vierten These der hier vorgelegten Abhandlung.

Dieser Rückblick gibt mir Gelegenheit zu einem dreifachen Dank: an die Studenten der Katholischen Theologie in Bochum, die mich zu dem Wagnis der hier unternommenen Grenzüberschreitung verführt haben, an die Kollegen der Katholisch-Theologischen Abteilung, die mir dabei mit mancher Sachauskunft zu Hilfe kamen, und an meinen Assistenten, Herrn Dr. Niewöhner, der mir durch seine sachlich engagierte Kritik geholfen hat, alle Einzelgedanken stets am Ziel des Ganzen zu messen, daß nämlich aus dem Gespräche mit der Theologie ein Nutzen für das Selbstverständnis der Philosophie erwachse.

Derartige Hinweise auf die Genesis der hier vorgelegten Untersuchung können freilich deren Themenstellung allenfalls historisch erklären, nicht aber sachlich begründen oder gar rechtfertigen. Die Rechtfertigung des Frageansatzes kann nur durch die durchgeführte Untersuchung geleistet werden. Die Erwartung jedoch, das Gespräch mit einer erneuerten christlichen Apologetik werde auch und vor allem für die Philosophie fruchtbar sein, muß vorweg begründet werden. Für mich resultierte diese Erwartung aus der These, zu der ich in meiner Untersuchung über „Religion und kritisches Bewußtsein" gelangt war. (Das Manuskript stand gerade vor dem Abschluß, als mich die Einladung zu jenem „dies academicus" erreichte.) Dort meinte ich gefunden zu haben, daß die Religion aus ihrer eigenen Aufgabe heraus genötigt, aber auch befähigt werde, eine eigene Form des kritischen Bewußtseins zu erzeugen, welches weltkritisch und erkenntniskritisch tätig wird und dabei der spezifisch philosophischen Form des kritischen Bewußtseins wichtige Impulse zu geben vermag. Trifft das zu, dann muß zwischen den Vertretern der religiösen Gestalt des kritischen Bewußtseins, also den Theologen, und den Vertretern der philosophischen Gestalt des kritischen Bewußtseins ein fruchtbarer Dialog möglich sein.

Der Versuch, einen so gearteten philosophisch-theologischen Dialog zu eröffnen, erscheint unter diesem Gesichtspunkt als die Bewährungsprobe jener These. Wenn ich daher diejenige ‚Herausforderung zur Rechenschaft', die in den folgenden Überlegungen enthalten ist, öffentlich ausspreche, so geschieht das in der Absicht, meine Versuche zum Thema „Religion und kritisches Bewußtsein" dieser Bewährungsprobe zu unterziehen.

Bochum, am 20. Februar 1974 *Richard Schaeffler*

Erster Teil:
Christliche Apologetik – Rettungsversuch mit tödlichem Ausgang?

Zum gegenwärtigen Problemstand: Das veränderte Selbstverständnis der christlichen Apologetik

Die christliche Apologetik traditioneller Art sollte den Glaubensakt nicht überflüssig machen. Sie sollte vor allem seine Inhalte nicht in Inhalte bewiesenen Wissens verwandeln. Wohl aber sollte und wollte sie den Glaubensakt möglich erhalten. Eine solche Aufgabenstellung setzt voraus, daß die Möglichkeit dieses Glaubensaktes in Frage steht. Sie steht unter anderem deshalb in Frage, weil gegen sie philosophisch-religionskritische Einwände erhoben werden. Diese Einwände kehren sich zum Teil gegen gewisse, für den Glaubensakt als unerläßlich geltende Inhalte und erklären diese für erwiesenermaßen falsch. Zu einem anderen Teil greifen sie diejenige Form der Subjektivität an, die den Glaubensakt vollzieht, und versuchen, sie als Funktion eines falschen Bewußtseins zu erweisen. Im letzteren Falle kommt es auf die einzelnen Glaubensartikel immer nur insofern an, als in ihnen sich dieses falsche Bewußtsein ausspricht und deshalb in ihnen aufgefunden und decouvriert werden kann.

Die Kontroverse zwischen philosophischer Religionskritik und christlicher Apologetik scheint sich heute primär auf die zweite Ebene verlagert zu haben, auf die Frage also, ob die den Glaubensakt vollziehende Subjektivität falsches Bewußtsein sei. In dieser Weise argumentiert die Ideologiekritik am Christentum ebenso wie die tiefenpsychologische Kritik und eine ganze Reihe anderer Formen der Kritik an der religiösen Subjektivität.

Diese Art von Einwänden fordert eine andere Art der Beantwortung heraus. Das Ziel der Argumentation besteht nicht mehr darin, die Behauptung von der erweislichen Unwahrheit gewisser Glaubenssätze zurückzuweisen, sondern vielmehr darin, die Legitimität von Formen des Bewußtseins zu begründen. Darum muß der Apologet sich vor einer Argumentationsweise hüten, die von seinen Gegnern nur wiederum als Ausdruck des gleichen falschen Bewußtseins gedeutet werden könnte, das sich auch in den außertheologischen Formen von Glaubensaussagen ausspricht. Der Apologet wird sich nun um eine Form des Denkens bemühen, die der ideologiekritischen, tiefenpsychologischen oder sonstigen Subjektivitätskritik unerreichbar ist; und dafür bietet sich am ehesten die Methode an, sich der Denkform des Herausforderers anzugleichen. Das hat zur Folge, daß die Theologie ihr Verhältnis zur philosophischen Religionskritik nicht mehr nach dem Modell von Angriff und Verteidigung interpretieren will. Sie bemüht sich, in den philosophischen Positionen, von denen aus die Möglichkeit des Glaubens in Frage gestellt wird, nicht mehr vorwiegend einen Angriff zu sehen, der zurückgewiesen werden muß, sondern ein Auslegungsangebot, das es positiv aufzugreifen gilt. Das schließt nicht ein, daß die philosophischen Vertreter des Atheismus ihrerseits bereit wären oder bereit sein müßten, sich anders zu verstehen als zuvor. Es schließt also nicht ein, daß die Vertreter einer philosophischen Position, von der aus der Glaube als unmöglich beurteilt wird und die deswegen traditionell „atheistisch" genannt werden müßte, auch ihrerseits der Meinung wären, das, was sie vortrügen, vertrage sich mit der Möglichkeit christlichen Glaubens und könne ihm als Auslegungsmöglichkeit dienen. Das Verhältnis zwischen philosophisch-religionskritischen Positionen und christlicher Theologie ist also nicht mehr symmetrisch, sondern nimmt sich von seiten der Philosophen und der Religionskritiker anders aus als von seiten bestimmter, aber weitverbreiteter theologischer Antworten.

Eine geläufig gewordene Methode der Apologeten, die nicht mehr Angriffe parieren, sondern Auslegungsangebote positiv aufgreifen wollen, besteht darin, den Urteilsmaßstab, den die philosophische Kritik aufstellt, zu bejahen, ihn in der Polemik gegen falsche Religionen (traditionell hätte man gesagt: gegen die Heiden) zu benutzen, die eigene christliche Botschaft aber als von dieser Kritik unbetroffen zu erklären. Man kann sich dann etwa die Feuerbachsche Religionskritik mit ihrem Verdacht, Gottesvorstellungen seien nichts als Projektionen des menschlichen Selbstbewußtseins, voll zu eigen machen, um dann zu sagen: Die biblische Botschaft hat immer schon gesagt, daß die Heiden den Gott anbeten, den sie selbst gemacht haben, daß sie „sich bücken vor dem Werk ihrer Hände". Das mit den Händen verfertigte Gottesbild aber ist offenbar nur die Folge der Gottesvorstellung, die die Menschen durch Projektion ihres Selbstbewußtseins hervorgebracht hatten. Eben dies habe, so sagt man, die biblische Botschaft immer schon kritisch offengelegt. Sie und nur sie sei jene „Religion", die keine Religion mehr ist, sondern die Überwindung aller Religion ansagt. Das Beispiel zeigt das Prinzipielle des Verfahrens, welches darin besteht, den Urteilsmaßstab der Kritik anzuerkennen, sich selbst als nichtbetroffen zu erklären und gerade daraus die Rechtfertigung des christlichen Glaubens zu gewinnen.

Bedingung für ein solches Verfahren ist es selbstverständlich, daß aus der christlichen Botschaft und ihrem theologischen Verständnis alle diejenigen traditionellen Elemente eliminiert werden, die von solcher Religionskritik betroffen werden könnten. Dabei handelt es sich um Elemente der „Volksfrömmigkeit", die, wie man sagt, nicht auf dem Reflexionsniveau der kritischen Theologie steht und viele „religiösen Reste" in sich enthält; oder es handelt sich um Elemente der Glaubensaussage, die, wie man nun nachweist, nicht der biblischen Botschaft selbst entstammen, sondern der heidnischen Umwelt entlehnt sind, oder schließlich um Elemente der biblischen Sprache selbst, die, wie man nun sagt, als Ausdrucksformen des religiösen Bewußtseins von damals unvermeidlich waren und vielleicht auch bleiben werden, die man aber nicht zum eigentlichen Impuls der christlichen Botschaft zählen darf.

Dabei entsteht die Frage, welche Inhalte und Aktformen dieser Purgation zum Opfer fallen. Ich erlaube mir, eine These aufzustellen, die später differenziert werden muß:

Erste These: „Reinigung zum Tode"

Sollte das Christentum sterben, so wird man rückschauend erkennen, daß es an denjenigen Kuren gestorben ist, die man ihm zu seiner Rettung verordnet hat.

Unter dem zugegebenermaßen ironischen Titel „Reinigung zum Tode" sollen im Folgenden typische Diskussionslagen geschildert werden, wie sie zwischen philosophischer Religionskritik und christlicher Apologetik bestanden haben oder noch bestehen. Die von den Verteidigern des Christentums in solchen Lagen gegebenen Antworttypen sind es, auf die die oben formulierte These sich bezieht.

1. Die antike Diskussionslage

Zu den frühesten Zeugnissen der europäischen Philosophie gehören die Fragmente des Xenophanes, der gegen die Religion den Vorwurf des Anthropomorphismus und den Verdacht der Projektion ausspricht. „Wenn Ochsen, Rosse und Löwen Hände hätten und mit ihren Händen malen und Werke schaffen könnten wie die Menschen, dann würden die Rosse roßähnliche, die Ochsen ochsenähnliche Göttergestalten malen und Körper von derjenigen Form bilden, die jeder Art selbst zukommt" (Xenophanes B 15). Der Anthropomorphismus, der die Götter, entgegen ihrem göttlichen Wesen, menschengestaltig denkt und darstellt, ist also kein zufälliger Fehler, sondern eine Folge davon, daß der Mensch sein eigenes Wesen in den Götterhimmel projiziert hat. Die entscheidende Frage lautet: Woher kommt es, daß die Anhänger der Religion zumeist immer schon vergessen haben, daß sie projizieren? Auf diese Frage pflegen Philosophen und christliche Theologen divergierende Antworten zu geben. Philosophen würden im allgemeinen sagen, hier zeige sich der mangelnde Mut zum Selbstbewußtsein. In den Projektionen spreche sich der Reichtum der Humanität aus, weil der Mensch nur sein eigenes Wesen den von ihm gedachten Göttern leihen kann. Aber man wagt nicht, diesen Reichtum für sich in Anspruch zu nehmen, sondern spricht ihn, aus mangelndem Mut zu sich selbst, der Gottheit zu. Die theologische Erklärung für die Selbstvergessenheit der Projektion dagegen lautet anders. Der Mensch bete zwar immer schon sich selber an, tue es aber mit schlechtem Gewissen und wolle daher nicht zugeben, daß er in Wahrheit selber der Angebetete ist. Um dies zu verschleiern, erklärt er das „Werk seiner Hände" zu einer von ihm verschiedenen und unabhängig von ihm existierenden Gottheit.

Die philosophische Interpretation kritisiert nicht das Faktum der Projektion als solches, sondern die Weigerung, dieses Faktum anzuerkennen. Würde der Mensch im scheinbar Fremden der Gottheit sich selbst wiedererkennen und anerkennen, so würde er den Reichtum seines Wesens auch für sich in Anspruch nehmen. Die theologische Kritik dagegen sieht in der Projektion selbst das Verkehrte und im Verdrängen dieser Projektion nur das Symptom des schlechten Gewissens, aufgrund dessen der Mensch seine faktisch geübte Selbstanbetung vor sich verbirgt.

Beiden Antworten ist, trotz ihrer Differenz, zweierlei gemeinsam. Beiden gilt der Nachweis, daß eine Gottesvorstellung anthropomorphe Züge an sich trage, als die Entlarvung eines Projektionsvorganges, den der Mensch zwar vollzieht, aber sich selbst verschleiern möchte. Und beiden gilt ein Bewußtsein, das sich seine eigenen Projektionen verheimlicht, als falsches Bewußtsein. Daraus folgt: Eine Gottesvorstellung, die von diesem Verdacht frei sein sollte, müßte zuvor von allen Anthropomorphismen frei sein, weil nur so gesichert ist, daß sie etwas anderes vor Augen stelle als das an den Himmel projizierte Wesen des Menschen selbst. Der wahre Gott, wenn es ihn gibt, wäre eine transzendente, von Mensch und Welt wesensverschiedene Gottheit.

Darum muß die Apologetik in dieser Diskussionslage Wert legen auf die Unterscheidung des Gottes der Bibel von allen Dämonen der Heiden mit ihren Leidenschaften und deren Wechsel, mit ihren verschiedenen Stimmungen und Launen, auf die der Mensch (durch Opfergaben oder sonstiges Wohlverhalten) Einfluß nehmen kann, um sie für seine Zwecke günstig zu disponieren. Das entscheidende Argument für die Verteidigung des Gottes der Bibel liegt deshalb, schon seit der Zeit der Kirchenväter, in dem Nachweis der Transzendenz seines Wesens.

Was nun freilich die Inhalte der biblischen Botschaft betrifft, so wird es für eine Apologetik dieses Stiles außerordentlich schwer, noch zu sagen, was mit den traditionellen Formeln gemeint sei, die von Gottes Zorn und Gnade, von Gottes ungeschuldeter und deshalb jederzeit revozierbarer und nur aus Gnade nicht widerrufener Treue sprechen, und insbesondere was es besagt, daß nicht nur der Mensch zur Umkehr gerufen ist, sondern nach biblischer Auskunft auch der Gott umzukehren vermag. Die so ungläubig klingende Aussage des Königs von Ninive in der Jona-Geschichte wird ihm ja innerhalb des Textes selbst als ein großartiges Glaubenszeugnis ausgelegt. Und diese Formel, mit der er die Gerichtsbotschaft beantwortet, beginnt mit der scheinbar skeptischen Frage: „Wer weiß?" Was der König aber nicht weiß, wird sogleich hinzugefügt: „Vielleicht kehrt er um, der Gott, und wir gehen nicht unter" (Jona 3,9).

Daß solche Aussagen über die mögliche Umkehr Gottes von seinem Zorne in der jüdischen und christlichen, der alttestamentlichen und neutestamentlichen Überlieferung einen entscheidenden Ort einnehmen, ist nicht zu bestreiten. Welchen Sinn sie jedoch noch behalten können, wenn man das Kriterium der Transzendenz und die Verwerfung aller Anthropomorphismen zum Prinzip der Auslegung macht, ist mindestens schwer zu sagen.

2. *Eine neuzeitliche Diskussionslage*

Eine neue Diskussionslage ist uns insbesondere seit Nietzsche bekannt. Hier wird nicht mehr primär der Anthropomorphismus kritisiert, sondern gerade die Vorstellung von einem transzendenten und deshalb jenseitigen Gott. Diese ursprünglich platonische Vorstellung sei, so wird nun gesagt, auch in das Christentum eingegangen. Christentum sei Platonismus fürs Volk, und was sich darin ausspreche, sei das Ressentiment gegen die Realität. Es sei deshalb kein Zufall, daß das Christentum von Juden hervorgebracht worden sei, von den Angehörigen eines Volkes also, das allen Anlaß hatte, aufgrund fortlaufender Mißerfolgserfahrungen von Ressentiments gegenüber der Welt erfüllt zu sein. Im Schoße eines solchen von Frustrationserlebnissen übervollen Volkes sei diejenige Religion entstanden, die die jetzige Welt scharf von einer kommenden unterscheidet und sich an der gegenwärtigen Welt, in der es den Angehörigen dieses Volkes so skandalös schlecht geht, dadurch rächt, daß sie ansagt: „Die Gestalt dieser Welt vergeht." Der Gläubige lebt seinem Selbstverständnis nach eigentlich schon in der kommenden Welt. Diese kann insofern auch die „Obere" genannt werden, als ihre Ankunft und Zukunft immer schon der Gegenwart überlegen ist und aus dieser Überlegenheit heraus in sie hineindrängt.

Die neue Diskussionslage ist dadurch bestimmt, daß nicht mehr Anthropomorphismuskritik und Projektionsverdacht, sondern Jenseitskritik und Ressentimentverdacht das Zentrum der religionskritischen Argumentation darstellen. Das zentrale Problem lautet nun: Woher kommt jene eigenartige, von Ressentiments angetriebene Weltflüchtigkeit, die es den Christen leichtgemacht hat, bestimmte Interpretationen des Platonismus zu ihrer Selbstauslegung zu benutzen? Und wie die Frage nach den sich vor sich selbst verhüllenden Projektionen, so wird auch die Frage nach dem Grunde von Ressentiment und Weltflucht einerseits von den Philosophen, andererseits von den theologischen Apologeten je verschieden beantwortet.

Die philosophische Antwort läßt sich auf die Formel bringen: Hier handelt es sich um eine Verwechselung von Ideen und Objekten. Auch wer nicht (mit Kant) die Funktion der Ideen darin sieht, den Verstand bei dem Aufbau der Erscheinungswelt zu leiten, wird sagen können: Ideen sind von regulativem Gebrauche. Sie dienen dazu, unsere Weltorientierung kohärent zu machen. Von ihnen geleitet, entdecken wir die Relevanz von Erfahrungen für die sittliche Praxis. Was sie uns vor Augen stellen, ist das Ziel, auf das wir alle gegebene Wirklichkeit und alle eigenen Handlungen beziehen. Aber eben darum zeigen uns die Ideen nicht eine Welt, die es irgendwann oder irgendwo neben, über oder hinter „dieser Welt" gäbe, sondern eine Aufgabe, die unserer Praxis gestellt ist. Gewiß ist das, was die Ideen uns zeigen, von aller gegebenen Welt verschieden als die Vorzeichnung von Aufgaben, aber von Aufgaben solcher Art, daß sie „in dieser Welt" zu erfüllen sind. Verwechselt man sie mit Objekten einer „anderen Welt", so entsteht die Versuchung, in diese bessere Welt zu fliehen oder auf ihr Eintreffen zu warten, wenn man mit allen Versuchen aktiver Wirklichkeitsgestaltung gescheitert ist. Dann entsteht eine Jenseits-Metaphysik, eine Wirklichkeitsverdoppelung oder, wie Nietzsche es ausgedrückt hat, ein „Hinterweltlertum", d.h. ein Verhalten, das hinter dieser Welt noch eine andere zu sehen meint.

Die theologische Kritik an Weltflucht und Jenseits-Projektionen spricht sich in sehr ähnlichen Formulierungen aus. Theologisch wird dann häufig gesagt: hier verwechsele man anspruchsvolle Zusage mit deskriptiver Aussage. Die Funktion anspruchsvoller Zusage, wie sie in biblischen Texten an ausgezeichneten Stellen vorkommt und in der Verkündigung ihre bleibende Stelle hat, besteht in der Eröffnung von Zukunft und deshalb in dem Anspruch auf Veränderung des ganzen Lebens. Diese Verkündigungsinhalte können nun in dem Sinne mißverstanden werden, als ob sie an-sich-seiende Dinge in einer anderen Welt deskribierten.

Die theologische und philosophische Kritik der Jenseits-Metaphysik unterscheiden sich dadurch, daß sich im Sinne der philosophischen Rede von Ideen alle Aussicht auf Zukunft aus dem Anspruch an die gegenwärtige Praxis ergibt, während die theologische Verkündigung alle Anweisungen für die Praxis des Menschen erst aus der Zusage einer von Gott eröffneten Zukunft gewinnen will. Aber in beiden Fällen wird die Jenseits-Metaphysik als eine Verkehrung aufgefaßt, durch die eine praxisorientierte Idee oder eine ebenso praxisorientierte Zusage mit einer Theorie über Gegenstände, die man zuschauend betrachten könnte, verwechselt wird. Diese Theorie vom Nicht-Gegebenen, das in einer anderen Welt wirklich sein soll, muß durch dasjenige überwunden werden, was nun „wahre Frömmigkeit" heißt: durch den Dienst an der gottgewollten besseren Gestalt dieser unserer Welt. Die Folgerung daraus ist die Verwerfung alles Spekulativen und die Orientierung an Kriterien effizienten Weltdienstes in einer sittlichen, und zwar genauer sozialethisch sittlichen Praxis.

Daß aus diesem Programm gewisse Probleme für die Theologie entstehen, ist hinlänglich bekannt. Seit den Versuchen Kants, die christliche Botschaft als Explikation regulativer Ideen für die Praxis auszulegen, wird die Frage erörtert, ob das nicht neue Werkgerechtigkeit sei, die der christlichen Botschaft vom Heil aus Gnade keinen Raum mehr gestattet. Die Reinigung des Christentums von allen theoretisch-metaphysischen Elementen und seine Verwandlung in eine Theorie der sozial-sittlichen Praxis macht es fraglich, ob sie solchen Verkündigungsinhalten einen angebbaren Sinn erhalte wie der Rede vom Heil allein aus Glauben abseits von den Werken, allein aus Gnade ohne Verdienst. Auch die Rede von der Alleinursächlichkeit Gottes scheint unter diesem Gesichtspunkt in einem abwertenden Sinne mythologisch zu werden. Und es ist längst nicht mehr nur die evangelische Theologie, die sich verpflichtet weiß, gerade diese Inhalte zum unaufgebbaren „anvertrauten Gut" christlicher Verkündigung zu rechnen.

3. *Die Diskussionslage unter dem Titel „Atheismus im Christentum"*

Eine dritte Diskussionslage ist in jüngster Zeit entstanden, insbesondere seit Ernst Bloch gewisse theologische Aussagen aus dem Umkreis um Gogarten in seine philosophische Kritik rezipiert hat. Wenn die ersten beiden Diskussionslagen durch die Stichworte „Anthropomorphismuskritik und Projektionsverdacht" bzw. „Jenseitskritik und Ressentimentverdacht" zu beschreiben waren, so kann man die neu entstandene Lage durch die Formel kennzeichnen „Ideologiekritik als Verdacht des Verrates an der eigenen historischen Funktion".

Eine Religionskritik dieser Art will das Christentum weder an den von ihm vorgetragenen Ideen noch an irgendwelchen von der Philosophie entworfenen Maßstäben messen, sondern an demjenigen Dienst an der Welt, den es in seinen Anfängen tatsächlich geleistet, später jedoch verraten habe. Diese Funktion wird nun als Wegbereitung des Atheismus bestimmt. Die jüdisch-christliche Kritik an allen Göttern sei so radikal, daß sie, konsequent durchgedacht und durchgeführt, schließlich auch den Gott der Christen zum Verschwinden bringen müsse. Dies geschehe ohne Rücksicht darauf, auf welche Weise der Gottesbegriff theologisch „gereinigt" und mit einer metaphysischen oder antimetaphysischen Philosophie in Einklang gebracht werde. Dabei ist entscheidend, daß die Preisgabe der Gottesvorstellung und aller mit ihr verbundenen „religiösen Reste" nach dieser Interpretation nicht etwa von außen dem Christentum aufgenötigt wird. Vielmehr enthält das Christentum selber die religionskritischen Impulse, die, wenn sie konsequent zum Tragen gebracht werden, das Christentum als Religion aufheben werden. Dies ist der Sinn der Rede vom „Atheismus im Christentum", wie sie von Bloch geprägt worden ist.

Wenn nun freilich die Christen vor diesen Konsequenzen zurückschrecken, dann haben sie ihre historische Rolle verraten. Diese hat in einer vorantreibenden Negativität bestanden, welche zunächst die anderen Religionen und schließlich das Christentum selber, sofern es als Religion auftritt, zu überwinden bestimmt war. Das bedeutet: Die legitimen Erben derjenigen christlichen Märtyrer, die in dem Verdacht ermordet worden sind, „atheoi" zu sein, sind nicht die Christen von heute, sondern die Atheisten von heute.

Daraus folgt weiterhin, daß auch der Dienst an der Welt, den die Christen leisten wollen und zu leisten sich verpflichtet wissen, nicht mehr religiös verstanden werden darf. Selbst dann, wenn die Christen auf alle Weltflucht verzichten und im Dienst an der Welt ihre zentrale Aufgabe sehen, bleiben sie inkonsequent, solange sie diese Aufgabe noch religiös verstehen. Denn auch dann schneiden sie den Impuls der eigenen religionskritischen Botschaft vorzeitig ab.

Solcher Atheismus im Christentum macht es möglich, daß der Atheist sich seinerseits als der Erbe der Religion verstehen kann. Er bewahrt insofern „Religion im Erbe", als in seinem atheistischen Humanismus die fortwirkenden Impulse und die weiterhin aufrechterhaltenen Postulate der christlichen Botschaft ihre Einlösung erfahren. Das Christentum jedoch, das sich recht bald nach seiner Gründung wiederum als Religion etablierte, habe sich, so wird nun gesagt, eben dadurch in seiner historischen Rolle mißverstanden.

Es gibt zwar Theologen, die Blochs Formel vom „Atheismus im Christentum" dadurch annehmbar machen wollen, daß sie sie entschärfen. Eine solche Verharmlosung liegt etwa dann vor, wenn Rupert Lay unter „Atheismus im Christentum" die illegitimen Formen von Gottesvorstellung und Gottesverehrung versteht, die sich ins Christentum eingeschlichen haben (der „manipulierte", der „weltlose" oder der „zerredete Gott"), so daß das rechte Verständnis der christlichen Botschaft eine Überwindung dieses Atheismus leisten kann. Indessen sollte man, auch wenn man die Formel theologisch gebraucht, ihr jene Schärfe lassen, die sie bei Bloch gewonnen hat, wo sie nicht illegitime Überformungen meint, sondern die legitimen religionskritischen Impulse beschreiben soll, die vom Christentum ausgegangen sind, so daß das recht verstandene Christentum nicht den Atheismus überwindet, sondern seinerseits Atheismus ist, der alle Religion zu überwinden hat.

Die Frage, die durch diese Art von Religionskritik aufgeworfen wird, lautet: Woher stammt das Selbstmißverständnis des Christentums hinsichtlich seiner historischen Aufgabe?

Diejenigen Theologen, die die Kritik Blochs weder entschärfen noch zurückweisen, sondern wirklich als Auslegungsangebot aufnehmen wollen, stimmen mit ihm in der Tatsachenbehauptung überein, die christliche Botschaft enthalte, recht verstanden, den Impuls zur Überwindung aller Religion und verfehle seine Aufgabe, wo es sich selbst „religiös" begreife. Ja diese These ist von Theologen, etwa von Barth und Gogarten, früher aufgestellt worden als von Bloch und macht einen wesentlichen Bestandteil derjenigen Polemik aus, mit der die „dialektische Theologie" alle Versuche katholischer Theologen angreift, die „natürliche Religion" und deshalb auch die „natürliche Gotteserkenntnis" theologisch zu legitimieren. Da es sich also um eine ursprünglich theologische Tatsachenbehauptung handelt, ist zu erwarten, daß auch die Frage, woher das behauptete Selbstmißverständnis des Christentums stamme, eine spezifisch theologische Antwort erfahre.

Diese theologische Antwort läßt sich in folgender Weise formulieren: Das „religiöse" Verständnis des Christentums, wonach dieses als Religion und dann freilich als die höchste und vollkommenste unter den Religionen verstanden wird, die alles „Wahre" der übrigen Religionen in sich aufgenommen und aufgehoben habe, ist ein widernatürliches Bündnis mit jener „natürlichen Frömmigkeit", die in Wahrheit der Götzendienst der Heiden ist. Dieses Bündnis seinerseits resultiert aus einer abstrakten Begriffsbildung von „Gottesverehrung überhaupt", als sei der Begriff „Gott" ein Allgemeinbegriff, unter den die verschiedensten Götter fallen, und als sei „Gottesverehrung" der Allgemeinbegriff für eine Verhaltensform, die sich auf die falschen Götzen ebenso beziehen kann wie auf den „wahren Gott". Dieses abstrahierende, die Begriffe von Gott und Gottesverehrung in Allgemeinvorstellungen verwandelnde Denken erzeugt eine Solidarität mit allen, die irgendwo auf der Welt in irgendeinem Sinne an Gott glauben. Diese Solidarität mit dem, was man früher „Götzendienst" genannt hätte, läßt nun eine Gemeinsamkeit der Furcht vor dem Atheismus entstehen. Christen und Heiden fühlen sich nun plötzlich wie Bundesgenossen gegenüber dem gemeinsamen Feind. Demgegenüber wird vergessen, daß Judentum und Christentum die götzenvernichtenden Formen der Verkündigung gewesen sind, nicht solche, die alles Religiöse, wo immer es auftaucht, ehrfürchtig grüßen wollten. Es kann nicht bestritten werden, daß eine abstrakt-allgemeine Solidarität mit „Gottesverehrung überhaupt" aus manchen kirchlichen Dokumenten der jüngsten Zeit spricht; und es ist nicht zu verkennen, daß eine solche Haltung den in der Bibel auftretenden Personen völlig fern gelegen wäre.

Im Zentrum der theologischen Argumentation steht so der Vorwurf einer „abstrakten Bejahung" von „Gottesverehrung überhaupt", welche die Christen veranlaßt habe, die historische Rolle der christlichen Botschaft zu verkennen. Diese hätte darin bestanden, Überwinderin der Religion als solcher zu sein.

Die philosophische Begründung für das gleiche behauptete Faktum aber lautet: In der Geschichte des Christentums war eine bloß „abstrakte Negation" des Heidentums und seiner Götter am Werke, nicht seine konkret-dialektische Überwindung. Ein neuer Mythos, eine neue Dogmatik, eine neue Heilslehre ist an die Stelle der alten getreten, weil es der Negation der alten religiösen Vorstellungswelt an jenem dialektischen Selbstverständnis mangelte, das geeignet gewesen wäre, den dritten Schritt einer „Negation der Negation", also der gemeinsamen Aufhebung von Heidentum und Christentum in einer zu sich selbst gekommenen Menschheit, vorzubereiten.

Mag jedoch von abstrakter Bejahung oder abstrakter Verneinung gesprochen werden: beiden, sonst voneinander sehr verschiedenen Interpretationen ist gemeinsam, daß sie das historische

Selbstmißverständnis auf einen Selbstbehauptungswillen zurückführen. Weil man sich genötigt meinte, sich als Gruppe und Institution zu behaupten, darum sei unter den Christen die Angst vor der Radikalität der eigenen Kritik gewachsen, und man habe lieber mit den Religionen gegen den Atheismus als mit den Atheisten gegen die Religion Front gemacht. Das Interesse der Selbstbehauptung habe, so wird nun von den Theologen gesagt, den „Mut zum Exodus", zum Auszug aus allen Sicherheitsmechanismen, zum Erliegen gebracht. Das gleiche Interesse habe, so wird philosophisch argumentiert, die Fähigkeit zur dialektischen Selbstaufhebung korrumpiert. In jedem Falle aber sei dadurch die Aufgabe verfehlt worden, die christliche Botschaft vermöge der ihr innewohnenden radikalen Kritik zu einem vorantreibenden Moment im Prozeß der Selbstfindung des Menschen zu machen.

Die Religionen werden so von den Theologen wie von den Philosophen an Kriterien des emanzipatorischen Impulses gemessen und verworfen; und die von den Apologeten versuchte Rechtfertigung des Christentums wird nun darin gesucht, daß dieses gerade hinsichtlich solcher Impulse alle Religionen, Weltanschauungen und philosophischen Systeme zu überbieten fähig sei.

Auch in diesem Falle entsteht die Frage, welche Inhalte, die bisher zur biblischen Botschaft gerechnet wurden, einer solchen Apologetik geopfert werden müssen. Kann, wenn die Emanzipation des Menschen Ziel und Maßstab aller christlichen Verkündigung sein soll, noch davon gesprochen werden, daß der Mensch nicht Gott ist, sondern Gottes Bild, daß die Kirche (auch eine sich ideal verfassende und verhaltende Kirche) nicht Gottes Reich ist, sondern, wie man neuerdings sagt, „Sacramentum mundi", also das für die Welt aufgerichtete Zeichen des Heils, aber nicht der Wirkmechanismus, der dieses Heil herbeiführt? Hat es noch eine Berechtigung, zu sagen, daß alle Erhebung des Menschen auf einer Selbstentleerung und Selbsterniedrigung Gottes beruhe, und auf ihr allein, und daß nicht die Herrlichkeit des Menschen, sondern Gottes Herrlichkeit den Inhalt der Verheißung ausmacht, während der, der seine eigene Ehre sucht, schon gerichtet ist?

4. *Zusammenfassung*

Im soeben durchlaufenen Gedankengang wurden einige Beispiele skizziert – vielleicht auch überpointiert. Was diese Beispiele lehren, läßt sich in folgender Weise zusammenfassen: Die Reinigung der christlichen Botschaft von denjenigen Elementen, die von der philosophischen Religionskritik betroffen werden (z. B. vom Anthropomorphismus der Gottesvorstellungen, vom metaphysischen Objektivismus der Jenseitsvorstellungen, von religiösen Resten einer Angst vor der gottlosen Welt) macht den Glauben zwar dadurch unangreifbar, daß sie ihn von allen angegriffenen Inhalten frei macht. Aber diese Reinigung macht ihn eben dadurch auch völlig inhaltslos. Dies zeigt sich insbesondere darin, daß die Glaubensaussage nun zur bloßen Form wird, in der man wechselnde Philosopheme als wechselnde Inhalte unterbringen kann: metaphysische wie antimetaphysische, moralische wie moralkritische, je nach dem Angebot auf dem Markt der öffentlichen Meinung.

Alle Kritik an der christlichen Apologetik kann jedoch den Befund nicht aus der Welt schaffen, daß diese Art von Verteidigung des Christentums erfolgreich gewesen ist. Sie hat die Christen in dem Bewußtsein bestärkt, durch die philosophische Religionskritik nicht ins Unrecht, sondern gerade ins Recht gesetzt zu werden; und sie hat die Kritiker der Religion dazu bewogen, mit Respekt von den Vertretern der christlichen Glaubensüberzeugung zu sprechen (auch wenn sie sich anschicken, nach dem als nahe geltenden Tode des Christentums dessen Erbe anzutreten). Angesichts dieser Tatsache soll hier die These aufgestellt werden, daß der Erfolg der geschilderten Apologetik auf einem gegenseitigen Mißverständnis zwischen philosophischen Religionskritikern und theologischen Apologeten beruhe.

Zweite These: „Friedenstiftende Mißverständnisse"

Philosophische Religionskritik und kritische Theologie stimmen in der Negation überein, aber nicht in den Intentionen und Legitimationen. Sie täuschen sich, wenn sie sich gegenseitig zu ihrer positiven Bestätigung heranziehen.

Auch der Titel dieses zweiten Abschnitts der hier vorgetragenen Überlegungen verleugnet nicht seine ironische Absicht. Im Folgenden soll gezeigt werden, daß in allen drei bisher geschilderten Diskussionslagen Scheinerfolge der Apologetik dadurch erzielt worden sind, daß sie sich die Maßstäbe der philosophischen Religionskritik zu eigen gemacht hat. Die soeben formulierte These sollte dasjenige Mißverständnis charakterisieren, auf dem diese Scheinerfolge beruhen.

1. Anthropomorphismuskritik und Projektionsverdacht

Die philosophische und die theologische Kritik an den Göttern der Heiden haben gemeinsam, daß sie den Menschen verantwortlich machen für seine selbstverfertigten Gottesvorstellungen. Da jede anthropomorphe Gottesvorstellung als Anzeichen für diese sich vor sich selbst versteckende Projektion gilt, wäre von einem richtig vorgestellten Gott verlangt, daß er erhaben sei über alles, was die Menschen selbst und die Natur an Modellen beibringen könnten, um ihn zu verstehen. An diesem Maßstab scheint die jüdisch-christliche Gottesvorstellung sich zu bewähren; verglichen mit den Göttern ihrer Umwelt ist diese Gottesvorstellung in großartiger Weise transzendent.

Aber der Anschein, als erfülle der Gott der jüdisch-christlichen Verkündigung die Intentionen der philosophischen Kritik und als bewähre sich die biblische Botschaft an den dort aufgestellten Kriterien, ist trügerisch. Denn die Absichten der philosophischen

Kritik einerseits, der theologischen andererseits sind völlig verschieden.

Für eine philosophische Kritik an den anthropomorph gedachten Göttern ist von der Antike an bis zu Feuerbach und darüber hinaus der Maßstab darin gesucht worden, daß der Mensch seine Projektion und Produktion von Götterbildern unter Kontrolle bringen soll. Platonisch gesprochen: der Mensch soll den Mythenmachern Gesetze geben; er soll also seine eigene unvermeidliche und legitime Mythopoiie unter Kontrolle bringen und dadurch die Anbetung dessen, was er selbst hervorbringt, legitimieren. Diesen Gedanken hat in der Neuzeit Kant in klassischer Weise formuliert. „Es klingt zwar bedenklich, ist aber keineswegs verwerflich zu sagen: daß ein jeder Mensch sich seinen Gott mache, ja nach moralischen Begriffen [...] sich einen solchen machen müsse, um an ihm den, der ihn gemacht hat, zu verehren." Mythopoiie und Theopoiie sind demnach unvermeidlich und legitim. Aber es kommt darauf an, ein Kriterium für die Unterscheidung zwischen legitimer und illegitimer Götterbildnerei zu gewinnen, ein „Ideal [...], um zu urteilen, ob er befugt sei", ein als Gott vorgestelltes Wesen „für eine Gottheit zu halten und zu verehren" (Die Religion innerhalb der Grenzen der bloßen Vernunft, B 257 Anm.).

Offensichtlich ist die Absicht einer theologischen Kritik an der menschlichen Theopoiie eine ganz andere. Durch diese Kritik soll der Mensch seiner verborgenen Selbstanbetung überführt und dadurch an der erneuten Hervorbringung neuer Götzen, soweit dies möglich ist, gehindert werden.

Der philosophischen Religionskritik und der christlichen Apologetik ist also die Polemik gegen die undurchschaute Projektion des menschlichen Wesens an den Götterhimmel gemeinsam, aber weder die Intention dieser Kritik noch die Maßstäbe für ihre Legitimation. Es beruht also auf einem Mißverständnis, wenn beide Arten der Kritik miteinander identifiziert werden. Und doch beruht auf dieser Identifikation einerseits die Achtung, die die geschilderte christliche Apologetik von seiten der philosophischen Religionskritik erwirbt, andererseits das Vertrauen, das die philosophische Religionskritik bei den christlichen Apologeten erweckt.

2. *Jenseitskritik und Ressentimentverdacht*

Ähnliches gilt für die Kritik an Jenseitsvorstellungen. Sowohl die philosophische Kritik an jeder Jenseitsmetaphysik als auch die theologische Polemik gegen eine Flucht aus der Welt in den Himmel haben gemeinsam, daß sie den Menschen auf diese seine Welt verweisen wollen. Er soll diese Welt nicht durch die Beschreibung einer anderen Oberwelt ergänzen; er soll sie durchschauen, um dadurch die Möglichkeit verantwortlicher Praxis zu gewinnen. Das jedoch kann er nur, wenn er die Maßstäbe für Weltkritik und Praxis nicht ihrerseits unkritisch dieser vorfindlichen Welt entnimmt. Philosophische und theologische Kritik an Jenseitsvorstellungen verlangen deshalb beide vom recht verstandenen Ideal, daß es fähig sei, sich in der Praxis zu bewähren.

Auch an diesem Maßstab gemessen, scheint der christliche Glaube einer positiven Beurteilung sicher sein zu können. Er stiftet Hoffnung, macht Liebe möglich und begründet so die Möglichkeit eines verantwortlichen Weltdienstes. Daß er nicht überall die Wirklichkeit solcher verantwortlichen Weltpraxis heraufgeführt hat, braucht nicht gegen die christliche Botschaft als solche zu sprechen; es scheint weit mehr den Hörern dieser Botschaft angelastet werden zu müssen, die vor der Radikalität der sittlichen Anforderung zurückgeschreckt sind.

Aber wiederum ist die Funktion einer solchen Kritik im philosophischen Kontext einerseits, im theologischen andererseits eine andere. Wenn der Philosoph den regulativen Charakter einer Idee unterscheidet von jeder vermeintlichen Beschreibung überweltlicher Gegenstände, dann kommt es ihm darauf an, daß die Selbstgesetzgebung der Vernunft fortschreite zu ihrer Weltgesetzgebung. Denn die Idee beschreibt deshalb keinen gegebenen Gegenstand, weil sie die Aufgabe vor Augen stellt, die die Vernunft sich selber auferlegt. So spricht sich in ihr die Selbstgesetzgebung der Vernunft aus. Im regulativen Gebrauche aber, der von dieser Idee gemacht wird, schreitet diese Selbstgesetzgebung zur Weltgesetzgebung fort; denn die Selbstgesetzgebung der Vernunft soll nicht beschränkt werden auf die Produktion von Vorstellungen, auch nicht bloß von Zielvorstellungen, sondern die Welt soll umgestaltet werden nach der Regel der Idee.

Wenn dagegen die christliche Verkündigung ihre normative Zusage unterscheidet von jeder theoretischen Beschreibung irgendwelcher Ersatzwelten oder Trostalternativen, dann ist die Funktion dieser Unterscheidung eine ganz andere. Sie will den Übergang von Verzweiflung zu Hoffnung eröffnen. Dabei gilt es, den Menschen nicht nur aus der Verzweiflung der Heteronomie zu befreien, sondern ebenso auch aus der Verzweiflung der Autonomie. Denn spätestens seit Kierkegaard kann die christliche Theologie nicht mehr vergessen, daß es eine doppelte Verzweiflung gibt: verzweifelt man selbst sein zu wollen, weil man sich nicht wiederfindet in der Rolle, die man im Leben spielt, und deshalb das eigene Leben als ein fremdes erfährt; aber auch verzweifelt nicht man selbst sein zu wollen, weil man dagegen protestiert, nur zufällig und ohne eigene Wahl gerade der zu sein, der man ist, dieser und nicht ein anderer, so verfaßt und nicht anders konstituiert, so daß ich nichts realisieren kann als immer wieder nur mich selbst und im Erkennen nirgendwohin gelange als immer wieder bloß auf mich zurück.

Aus dieser doppelten Verzweiflung an der Heteronomie und an der Autonomie will die christliche Zusage und Ansage einer „fremden Gerechtigkeit“ befreien, einer neuen Gestalt meines Lebens also, die mir gegeben und zu eigen wird, die es mir aber niemals gestattet, sie als die meine, von mir geleistete in Anspruch zu nehmen.

Die Bewährungsprobe der philosophischen Idee ist deshalb die Synthesis aller Erfahrungen zur Einheit eines kontrollierbaren praktischen Programms. Denn nur wenn die Mannigfaltigkeit dessen, was mir begegnet, sich einem solchen Gesamtprogramm einfügt, behalte ich die Herrschaft über mich selbst und meine Verhältnisse. Die Bewährungsprobe der christlichen Hoffnung dagegen ist es, jegliches Programm für die Erfahrung unverfügbar fremden Heilswirkens offenzuhalten. Auch hier also sind die Legitimationen divergent, obgleich der kritische Impuls, theoretische Jenseitsvorstellungen zu kritisieren, synonym erscheint.

3. Ideologiekritik als Verdacht des Verrates an der eigenen historischen Rolle

Philosophische Religionskritik und kritische Theologie kommen darin überein, daß sie die christliche Botschaft vor dem Verrat an der Radikalität ihrer kritischen Funktion bewahren wollen. Beide verlangen von einer Kritik, die sich selbst treu bleiben will, daß sie sich selber nicht absolut setze, daß sie nicht besserwissend meine, von Kritik ihrerseits nicht betroffen zu sein, sondern daß sie auch die eigene Position als vorläufig auffasse. Denn die radikale Kritik ist nicht ein neues Gesetz, das den Menschen auferlegt würde, um sie an einem festen Maßstab zu beurteilen und zu verurteilen. Sie ist vielmehr ein Mittel des Dienstes an der Befreiung und muß deshalb, wie jedes Mittel, variabel bleiben und mit Erreichung des Ziels vergehen.

Wiederum scheint das Christentum, und vielleicht nur das Christentum, sich auch an diesem Maßstab zu bewähren. Denn es ist in seinem Zentrum Botschaft von der Wahrheit, die frei macht, und es ist bereit, auch sich selbst emanzipatorische Vorläufigkeit zuzuschreiben. „Stückwerk ist unser Erkennen und Stückwerk unsere Prophetie" (1 Kor. 13,9). Das Christentum weiß, daß es vorläufig ist, „Spiegel und Gleichnis", daß es also vergeht, wenn die Wahrheit kommt. Im Himmel der Christen, um eine Stelle aus der Johannes-Apokalypse heranzuziehen, gibt es keinen Tempel. Und selbst der höchste Ehrentitel, den die christliche Verkündigung den Glaubenden zuspricht, „Kinder Gottes" zu sein, verliert seine Anwendbarkeit in der kommenden Welt (1 Joh. 3,2).

Und dennoch ist es auch in diesem Falle ein Irrtum zu meinen, die christliche Botschaft bestätige die Maßstäbe der philosophischen Kritik und finde ihrerseits an ihnen ihre Bestätigung. Denn philosophisch verstanden, ist die geforderte Emanzipation des Menschen die Hilfe dazu, daß er in allem scheinbar Fremden und in der Überwindung der nur allzu wirklichen Entfremdung zu sich selber komme. Theologisch verstanden aber ist die Befreiung das Angebot, die Verfangenheit in sich selbst sich nehmen zu lassen. Dieses Angebot spricht sich klassisch darin aus, daß gesagt wird, vom Menschen werde der Zwang genommen, seine eigene Gerechtigkeit aufzurichten. Der Christ ist davon befreit, sich selbst ins Recht setzen zu müssen, weil er darauf vertrauen kann, als der immer schon im Unrecht Befindliche von anderswoher gerechtfertigt zu sein.

In beiden Fällen wird von der Kritik emanzipatorische Vorläufigkeit gefordert: philosophisch, weil Kritik nur ein Moment ist in der Selbstrealisation des Menschen, theologisch, weil alles, was wir in diesem Leben erfahren können, die christliche Botschaft eingeschlossen, Bild und Gleichnis ist, die am Ende vor Gottes Wahrheit vergehen.

In allen drei Fällen also zeigt sich das stets gleiche Verhältnis. Philosophische Religionskritik und kritische Theologie konsentieren immer nur in den negativen Teilen ihrer Aussagen. Beide verwerfen die Götzen, die der Mensch projiziert und produziert; beide zerbrechen jede objektivistische Jenseitsmetaphysik; beide zeigen auf, daß Kritik sich selbst verrät, wenn sie sich selbst absolut setzt und Endgültigkeit beansprucht. Sie konsentieren also in der Negation, aber nicht in den Intentionen, nicht in den Gründen der Legitimation. Und deshalb täuschen sie sich, wenn sie sich gegenseitig zu ihrer positiven Bestätigung heranziehen.

Das Ergebnis, zu dem die Untersuchung bisher gelangt ist, scheint für die christliche Apologetik recht ungünstig zu sein. Sucht sie nämlich ihre Aufgabe gegenüber der philosophischen Religionskritik darin, Angriffe zurückzuweisen, so sieht sich der apologetische Gedankengang alsbald der gleichen Kritik an seiner

Denkform ausgesetzt, die zuvor gegen die christliche Botschaft selbst gerichtet worden war. Versucht sie andererseits, die philosophische Kritik dadurch in ein Auslegungsangebot zu verwandeln, daß sie deren Maßstäbe anerkennt und übernimmt, so erweisen sich die Erfolge, die sie dabei erzielt, als Folgen eines Mißverständnisses. So erhebt sich die Frage, ob es außer diesen beiden Möglichkeiten, sich zu den Argumenten der philosophischen Religionskritik zu verhalten, noch eine dritte gebe. Im Folgenden soll versucht werden, eine solche dritte Möglichkeit anzudeuten.

Zweiter Teil:
Möglichkeiten zur Wiedergewinnung der Dialogfähigkeit

Die Ergebnisse des bisher durchlaufenen Gedankenganges lassen sich in folgender Weise zusammenfassen: Eine Theologie, die die religionskritischen Argumente auf traditionelle Weise „widerlegt", erreicht im Optimalfall einen Diskussionsstand von solcher Art, als seien die „Angriffe" niemals erfolgt. Da sie alle ihrer Unrechtmäßigkeit überführt und also abgewiesen werden konnten, bleiben jene religiösen Überzeugungsinhalte und Bewußtseinsformen, gegen die sie sich richteten, für die Zukunft gesichert und unbetroffen. In solchen Gesprächsgängen kann die Theologie nur ihr Recht bestätigt finden, aber nichts dazulernen.

Eine Apologetik andererseits, die die philosophischen Argumente der Religionskritik nur zur Polemik gegen den „Götzendienst der Heiden" oder gegen die „heidnisch-religiösen Reste im Christentum" benutzt, das eigene Bekenntnis aber in seinem Kern als „nichtbetroffen" erklärt, tritt – trotz allen scheinbaren Einverständnisses mit der Philosophie – in keinen Dialog mit ihr ein. Denn eine solche Apologetik bekommt weder etwas zu hören, noch vermag sie etwas zu sagen.

Sie bekommt nichts zu hören, was ihr Selbstverständnis voranbringen könnte, denn dazu wäre vorausgesetzt, daß sie sich dazu bekennt, auch in ihrem eigenen Glaubensverständnis der Adressat der philosophischen Kritik zu sein. Und sie vermag nichts zu sagen, was für die Philosophie belangvoll wäre, weil sie sich stets beeilt zu bestätigen, sie habe selber genau das sagen wollen, was die Philosophie aufgrund eigener Reflexion nur mit anderen Worten zur Geltung bringt. Um sprechen zu können, wäre erforderlich, daß die Theologie durch die Argumente der philosophischen Religionskritik zu eigener theologischer Reflexion angeregt würde, um so ihrerseits die Philosophie zu einer selbstkritischen Reflexion herauszufordern.

Es ist ein auffälliges Phänomen, daß die Theologie heute einerseits die Fähigkeit zum Dialog mit der Welt ausdrücklich zu ihrem Programm erhebt, andererseits aber in der geschilderten Weise die Fähigkeit zum Hören und zum Sprechen weitgehend verloren hat. Möglichkeiten, diese Fähigkeit wiederzugewinnen, sollen im Folgenden an Beispielen aufgezeigt werden. Die Beispiele sind die gleichen, an denen auch die „tödlichen Rettungsversuche" und die „friedenstiftenden Mißverständnisse" exemplifiziert werden konnten. Die Regel aber, die aus diesen Beispielen zu ziehen ist, soll in der folgenden dritten These ausgesprochen werden.

Dritte These: „Akzeptierte Herausforderungen"

Nur eine Theologie, die bekennt, daß auch die „recht verstandene" christliche Botschaft von den Argumenten der philosophischen Religionskritik betroffen wird, kann diese Argumente in positive Herausforderungen verwandeln, als fruchtbare Momente in die theologische Reflexion einbeziehen und als kritische Impulse an die Philosophie zurückgeben.

1. Anthropomorphismuskritik und Projektionsverdacht

Eine erste Gruppe religionskritischer Argumente, von denen bisher die Rede war, beruhte auf der Beobachtung, daß zwischen der Weise, wie die Menschen sich selbst in Natur und Gesellschaft erfahren, und der Art, wie sie sich Gottheiten vorstellen, eine Entsprechung besteht. Diese Entsprechung gestattet es, an den religionshistorisch überlieferten Veränderungen der Gottesvorstellung abzulesen, welche Veränderungen im Bewußtsein der Menschen und in ihren Lebensverhältnissen geschehen sind, sofern sich z. B. gewisse Gottheiten als typische „Nomadengötter“ oder „Bauerngötter“ erweisen. Lassen sich aber auf solcherlei Art die Gottesvorstellungen wie Spiegel benutzen, um in ihnen ein Bild von der Bewußtseinsform und den Erfahrungsinhalten früherer Menschheitsepochen zu gewinnen, dann liegt die Interpretation nahe, diese Vorstellungen seien auch für die Damaligen nichts anderes gewesen als unbewußt vollzogene „Projektionen“; darunter versteht man Weisen, wie die Menschen sich ihr eigenes Selbstbewußtsein gegenständlich zur Anschauung brachten (idealistische Fassung) oder wie sie sich diejenigen realen Bedingungen deutlich machten, die diese ihre Bewußtseinsgestalt beherrschten und deshalb von diesem Bewußtsein als übermächtige Realitäten erfahren wurden (materialistische Fassung).

a) Drei Methoden der Apologetik

Die traditionelle Apologetik hätte diese Interpretation im ganzen zurückgewiesen und sich um den Nachweis bemüht, daß das menschliche Bewußtsein vom Göttlichen (in der „natürlichen“ wie in der „geoffenbarten“ Religion) sich von allen Ausdrucksformen des menschlichen Selbst- und Weltbewußtseins unterscheide.

Die bisher geschilderte neuere Apologetik dagegen übernimmt von der Religionskritik die Regel, daß eine Gottesvorstellung hinsichtlich ihres religiösen Inhaltes „widerlegt“ sei, wenn sie als Spiegelung menschlichen Selbst- und Weltverstehens „entlarvt“ werden könne; aber der Apologet bestreitet das Zutreffen dieser Regel auf seinen Fall, weil gerade die Weise, wie in Bibel und kirchlicher Verkündigung von Gott gesprochen wird, stets auf ein „transzendentes“, von allen Spiegelungen des Menschlichen und Welthaften verschiedenes Wesen bezogen sei.

Doch wäre auch ein drittes Verfahren denkbar: die Tatsachenbehauptung zu konzedieren, daß auch die biblischen und kirchlich tradierten Gottesvorstellungen in einer gesetzmäßigen Korrelation zum Selbst- und Weltverständnis der Glaubenden stehen, aber die Regel zu bestreiten, daß ein solches gegenseitiges Spiegelungsverhältnis ein Widerlegungsgrund für den Wahrheitsanspruch solcher Glaubensaussagen sei. Das von der Religionskritik behauptete Faktum nämlich läßt sehr wohl auch eine theologische Deutung zu. Diese läßt sich in folgender Weise skizzieren.

Wie immer man sich den Vorgang denken mag, der theologisch „Offenbarung" genannt wird, so ist doch sicher, daß der erscheinende Gott einerseits jeden Erwartungshorizont sprengt, den das menschliche Selbst- und Weltverständnis ihm vorzeichnet, daß er aber andererseits gerade in dieser seiner jeweiligen „Neuheit" nur von einem neuen „Auge und Ohr", also von einem veränderten Bewußtsein, wahrgenommen werden kann. Der Sachzusammenhang zwischen einer jeweils neuen Gottesoffenbarung und einer Wandlung des menschlichen Bewußtseins ist also der Theologie nicht unbekannt; und das Bekenntnis zum „Deus novior omnium" (d.h. zu der Gottheit, die jeweils bei ihrem Erscheinen alle vorgefundenen Bewußtseinsformen und Weltgestalten als „alt" und „veraltet" erscheinen läßt) wird in „kanonischen" religiösen Texten häufig verbunden mit dem Bericht über die Verwandlung, die der Glaubende erfahren mußte, um zum Glauben an diesen Gott gelangen zu können.

Die Theologie kann also mit der idealistischen Religionskritik sagen: „Ohne neues Bewußtsein kein neuer Gott" (so daß die Geschichte der Religionen als Geschichte der Wandlungen des Bewußtseins gelesen werden kann). Und die Theologie kann mit der materialistischen Religionskritik hinzufügen: „Ohne neue Wirklichkeit kein neues Bewußtsein" (so daß die Geschichte der Subjektivität den Wandel derjenigen Bedingungen spiegelt, von denen es abhängt, auf welche Weise der Mensch sich selbst und die Welt zu verstehen bekommt). Aber die Theologie wird darin keinen Grund finden, die eine und umfassende Geschichte der Gottesoffenbarung, der Bewußtseinsveränderungen und der Umgestaltungen der Weltwirklichkeit ihrer religiösen Bedeutung zu berauben und in ihr „nichts anderes als" einen Prozeß der zu sich selber kommenden Subjektivität oder ein Epiphänomen der Dialektik von Produktivkräften und Produktionsverhältnissen zu sehen. Denn sie wird den beiden soeben formulierten Sätzen den dritten hinzufügen: „Ohne neue Offenbarung Gottes keine neue Welt und kein neuer Glaube."

b) Der philosophiekritische Sinn der theologischen Aussage

Die soeben vorgeschlagene Formel spricht zunächst von dem, was „ohne neue Offenbarung Gottes" nicht geschieht. Aber gerade in diesem philosophiekritischen Sinne ist das Gesagte für die Philosophie sehr wohl verständlich. Denn auch noch die radikalsten Wandlungen des Bewußtseins und der Realverhältnisse, von denen die idealistische und materialistische Dialektik zu berichten weiß, erscheinen bei näherer Betrachtung als auffallend systemimmanent. Sie stellen nichts anderes dar als Phasen im Prozeß der Selbstfindung des Geistes bzw. Momente im Prozeß der Selbstproduktion des arbeitenden Menschen.

Für das Verständnis dieses Gesamtprozesses gibt es unterschiedliche Modelle. Nach Auffassung des Idealismus führt der Geschichtsprozeß von der unbewußten Unmittelbarkeit über die Entzweiung von Subjekt und Objekt zum Selbstbewußtsein des mit sich selber vermittelten Geistes. Nach Auffassung des Materialismus beginnt der historische Prozeß bei einer unmittelbaren, noch vor-arbeitsteiligen Bedürfnisbefriedigung; er führt in seiner zweiten Phase zu einer Entfremdung zwischen Produktion, die vom Menschen geleistet wird, und Produkt, das auf dem Markt gehandelt wird; so entsteht drittens der Antagonismus von Arbeit und Ausbeutung, der schließlich viertens die proletarische Revolution und mit ihr die klassenlose Gesellschaft entstehen läßt, in welcher der Mensch sich auf gesellschaftlich vermittelte Weise selbst produzieren kann. Nach beiden Interpretationen der Geschichte aber fällt alles Neue als Fall unter das alte, alle Epochen übergreifende dialektische Gesetz, und am Ende des Prozesses wird auch das eine Prinzip seiner Notwendigkeit offenbar. Dieses

Prinzip besteht darin, daß der Geist in all seinen Wandlungen stets nur zu sich selber kommen, der produzierende Mensch in allen Revolutionen der Produktionsverhältnisse immer nur (mittelbar oder unmittelbar) sich selbst produzieren kann. Darum gibt es, soweit diese Notwendigkeit reicht, weder ein neues Bewußtsein, das nicht Spielart des alten wäre, noch eine neue Welt, die nicht als Phase im Prozeß der wohlbekannten alten sich darstellte.

Gegenüber der System-Immanenz des idealistisch oder materialistisch verstandenen Geschichtsprozesses will die theologische Rede von der „neuen Offenbarung Gottes" von demjenigen sprechen, was jedes „alte Gesetz" des Bewußtseins wie des Realprozesses überwindet. Der wahre Neubeginn, von dem diese Verkündigung sprechen will, hat demgegenüber den Charakter einer Neuschaffung, worin sich die Gottheit als „Deus novior omnium" erweist.

c) Der theologische Sinn der Philosophiekritik

Die vorgeschlagene Formel „Ohne neue Offenbarung Gottes keine neue Welt und kein neuer Glaube" erschöpft sich also nicht in ihrem philosophiekritischen Gebrauch. Die Philosophiekritik selbst steht im Dienste einer spezifisch theologischen Aussage.

Gegenstand der theologischen Kritik ist eine Philosophie, die nur das unveränderte Entwicklungsgesetz der bestehenden Welt und des bestehenden Bewußtseins auf seinen Begriff bringt; aber diese Kritik ihrerseits steht im Dienste der Verkündigung von einer Neuschöpfung mitten in der Zeit.

Unter diesem theologischen Gesichtspunkt betrachtet, erscheinen die philosophischen Systeme der idealistischen und materialistischen Dialektik nur als der angemessene Ausdruck dafür, daß das Bewußtsein des „alten Menschen" und die Gestalt der „alten Welt" sich gegenseitig spiegeln und bestätigen und deshalb in all ihrer gegenseitigen Entwicklung an ein altes und unverändertes Gesetz gebunden bleiben.

Darum wird die Theologie es auch nicht verwunderlich finden, wenn eine so geartete Philosophie gegen die Verkündigung von Gottes ungeschuldet freier (und darum unmotiviert-willkürlich erscheinender) Gnadenwahl polemisiert und bloßen „Anthropomorphismus" erblickt, wo die Glaubensbotschaft davon spricht, die Gottheit habe sich „umgewendet" von jenem „Zorn", der die Welt ihrer Selbstverstrickung überläßt, zu jener „Gnade", die die Wirklichkeit von Grund aus neu schafft. Theologisch beurteilt, erscheint diese religionskritische Polemik nur als Ausdruck einer Selbststabilisierung der „alten" Welt, die sich zwar nach eigenem Gesetz entwickeln, aber nicht aus fremder Freiheit neu geschaffen werden will.

Damit wird jedoch die religionskritische These nicht bestritten, wonach neue Gottesvorstellungen stets Spiegelungen eines neuen Bewußtseins bzw. neuer Realverhältnisse seien. Nicht ohne Absicht wurde oben die theologische Antwort auf diesen Einwand nicht als dessen Widerlegung formuliert, sondern als „dritter Satz", der die beiden Sätze der idealistischen und materialistischen Religionskritik zu einem zirkulären Bedingungsverhältnis ergänzt. „Keine neue Gottesvorstellung ohne neues Bewußtsein; kein neues Bewußtsein ohne neue Wirklichkeit; keine Erneuerung des Denkens und keine Neuschaffung der Welt (keine Überwindung ihres ‚alten Gesetzes') ohne neue Gottesoffenbarung."

Damit ist gesagt: Die Rede von der „neuen Gottesoffenbarung" macht weder die Veränderung des Bewußtseins noch die Umgestaltung der Welt überflüssig. Vielmehr sind, theologisch verstanden, die neue Erscheinung Gottes, die Erneuerung des Denkens und die Neuschaffung der Welt nur drei Darstellungsformen eines identischen Vorganges; jede „Ableitung", die einen dieser Aspekte zum Prinzip machen und die übrigen aus ihm deduzieren möchte, verfehlt das, was sie erklären will: die Neuheit eines veränderten Gesamtverhältnisses von Gott, Welt und menschlichem Bewußtsein.

Eine Theologie solcher Art kann sich die religionskritischen Argumente zu eigen machen, die oben in den beiden Sätzen ausgesprochen wurden: „Ohne neues Bewußtsein kein neuer Gott“ und „Ohne neue Wirklichkeit kein neues Bewußtsein“.

„Ohne neues Bewußtsein kein neuer Gott“ – dieser Hinweis der idealistischen Religionskritik erinnert die Theologie daran, daß das Glaubenszeugnis nicht eine entscheidungsneutrale Information enthält, die dem alten Denken als neuer Inhalt zur Kenntnis gegeben werden könnte; daß vielmehr jede Interpretation dieses Zeugnisses seinen Inhalt verfehlt, wenn sie nicht zugleich vom Hörer eine Entscheidung über die Veränderung seines Gesamtbewußtseins verlangt. Vom „neuen Gott“ sprechen heißt zugleich die eigene Befreiung aus einem alten zu einem neuen Denken erzählen und den Hörer zur gleichen „Umgestaltung in der Neuheit des Bewußtseins“ (Röm. 12,2) auffordern.

„Ohne neue Wirklichkeit kein neues Bewußtsein“ – dieser Hinweis der materialistischen Religionskritik erinnert die Theologie daran, daß die Umwendung des Denkens keine mögliche Leistung eines souveränen Subjekts ist, das inmitten einer unverändert bleibenden Welt je nach eigenem Belieben einen neuen Standort beziehen könnte; daß vielmehr jede Interpretation solcher Appelle deren Absicht verfehlt, wenn sie nicht deutlich macht, daß der Text eine Erfahrung bezeugen will: Rückschauend auf sein früheres Leben, bekennt der Glaubende, daß er nach dem, was ihm widerfahren ist, nicht mehr so denken kann wie zuvor, und daß deshalb jeder, der im alten Denken befangen bleibt, die neue Wirklichkeit mißverstehen muß. Vom „neuen Denken“ sprechen heißt zugleich bekennen, daß zwischen dem alten und dem neuen Denken nicht eine neutrale Subjektivität steht, der beide Möglichkeiten zur Wahl offenstünden, sondern das Ereignis einer Neuschaffung, die vom alten Bewußtsein nicht vorweggenommen und vom neuen nicht rückgängig gemacht werden kann.

Aber indem die Theologie sich auf solche Art die religionskritische Argumentation aneignet, gewinnt sie zugleich ein Verständnis derjenigen Glaubensaussagen zurück, die zuvor einer „Reinigung der Religion von anthropomorphen Gottesvorstellungen“ geopfert werden mußten: ein Verständnis der Rede von

Gottes zürnender Abkehr (die den Menschen sich selbst überläßt, aber dadurch gerade nicht zur Freiheit befreit, sondern der Notwendigkeit eines Gesetzes unterwirft) und von Gottes gnädiger Zukehr (die die Möglichkeit menschlichen Umkehrens allererst begründet). Idealistische und materialistische Religionskritik erinnern auf solche Weise die Theologie daran, daß die Glaubensaussage sich weder in theoretischer Information noch in moralischem Appell erschöpft, sondern in ihrem Zentrum Erfahrung bezeugt. Eine neue Wirklichkeit hat ein altes Denken als „töricht" erwiesen und zugleich ein neues Bewußtsein gestiftet, dem sich Gott, die Welt und das eigene Ich auf neue Weise zeigen.

„Offenbarung" ist, so verstanden, weder die bloße Beschreibung bisher unbekannter himmlischer Sachverhalte noch die bloße Verpflichtung auf neue irdische Handlungsziele, sondern die völlige Veränderung der Bedingungen, unter denen der Mensch die ihm gegebene Wirklichkeit erfahren und die ihn verpflichtenden Möglichkeiten des Handelns ergreifen kann. Diese Veränderung der Bedingungen aber ist „Offenbarung Gottes"; denn es erscheint als Vorrecht Gottes, dasjenige neu zu schaffen, was für den Menschen das „Apriori", die aller seiner Leistung je schon vorausliegende Bedingung seiner Theorie und Praxis, gewesen ist. Gerade diesen Zusammenhang aber meint der dritte Satz: „Ohne neue Offenbarung Gottes kein neuer Glaube und keine neue Wirklichkeit."

2. Jenseitskritik und Ressentimentverdacht

Eine zweite Gruppe religionskritischer Argumente, von denen bisher die Rede war, interpretiert die religiöse Vorstellung von einer anderen (oberen oder künftigen) Welt als Ergebnis einer Verwechslung, durch welche Ideen (also regulative Prinzipien, kraft deren die Vielfalt der Eindrücke durch Beziehung auf ein praktisches Ziel zugleich theoretisch überschaubar wird) für Gegenstandsbeschreibungen gehalten werden.

a) Drei Methoden der Apologetik

Eine traditionelle Apologetik hätte angesichts solcher Einwände das Recht einer Rede von jenseitigen Gegenständen verteidigt. Die bisher geschilderte neuere Apologetik dagegen würde versichern, solche „Jenseitsspekulationen“ (in deren Verwerfung sie mit der philosophischen Religionskritik völlig einig sei) lägen der christlichen Botschaft völlig fern, und was diese als das „Reich Gottes“ beschreibe, sei weder irgendwo im Himmel oder auf Erden gegeben noch eine für die Zukunft zu erwartende Wirklichkeit, sondern die Weise, wie dem Glaubenden seine Aufgabe „in dieser Welt“, und zwar „schon heute“, verdeutlicht werde.

Doch wäre auch hier wie im vorausgehenden Fall ein drittes Verfahren denkbar: die Tatsachenbehauptung zu konzedieren, daß auch und gerade die biblische und kirchlich überlieferte Rede vom „Reiche Gottes“ die Theorie von einer anderen Welt mit der Anweisung für die Praxis in dieser Welt verknüpfe, aber die Regel zu bestreiten, daß eine solche „Vermischung von Ideen und Kategorien“ ein Widerlegungsgrund für den Wahrheitsanspruch von Glaubenssätzen sei. Denn auch in diesem Falle läßt das von der Religionskritik behauptete Faktum sehr wohl auch eine theologische Deutung zu, die sich in folgender Weise skizzieren läßt:

Wie immer man das Verhältnis von göttlicher „Gnade“ und menschlicher „Freiheit“ bestimmen mag, so ist doch sicher, daß die Ansage göttlichen Wirkens in Gegenwart und Zukunft stets zugleich als Anspruch an das menschliche Weltverhalten verstanden werden muß. Die Ansage, daß in Jesu Auferstehung ein neuer Äon angebrochen sei, und die Zusage, daß „auch wir [...] Lebensgenossen seiner Auferstehung sein werden“, ist an den Appell geknüpft, „damit [...] auch wir in der Neuheit des Lebens wandeln“ (Röm. 6,4–5). Auch die Theologie kennt also den Sachzusammenhang zwischen der Erfahrung unbedingter Pflicht, die nicht nach ihrer Erfüllbarkeit unter gegenwärtigen Bedingungen fragt, und dem Ausblick in eine andere Welt, an der gemessen das gesamte Bedingungsgefüge „dieser Welt" sich als vorläufig und „dem Gericht verfallen" erweist.

Die Theologie kann also mit der philosophischen Religionskritik sagen: „Kein Begriff vom Unbedingten ohne praktisch-regulativen Gebrauch", so daß die Rede von einer anderen Welt ihren Sinn verliert, wenn sie dazu dient, die Menschen von der Umgestaltung „dieser Welt" zu dispensieren. Aber die Theologie wird darin keinen Grund finden, um die Rede von „Gottes Reich" in ein menschliches Aktionsprogramm zu verwandeln und in ihr „nichts anderes als" eine Objektivation praktischer Ideen zu sehen. Denn gerade im Blick auf die Tatsache, daß die praktischen Ideen des Menschen die Struktur seines Bewußtseins spiegeln und daß dieses Bewußtsein seinerseits die Bedingungen ausdrückt, unter denen es sich geformt hat, wird die Theologie jenem religionskritischen Satz den philosophiekritischen hinzufügen: „Keine wahrhaft systemverändernden Ideen, ohne die Ansage einer Wirklichkeit, die sich ‚schon heute' verborgen konstituiert hat und darum ‚morgen' in die Erscheinung treten wird."

b) Der philosophiekritische Sinn der theologischen Aussage

Die soeben vorgeschlagene Formel spricht zunächst von dem, was „ohne religiöse Verkündigung" nicht geleistet werden kann. Aber gerade in diesem philosophiekritischen Sinne hat sie eine philosophisch verständliche Bedeutung. Denn auch noch die revolutionärsten Ideen, die die Vernunft in ihrem moralisch-praktischen Gebrauch zu konzipieren vermag, erscheinen bei näherer Betrachtung als Funktionen der je besonderen Bedingungen, die eine je besondere Gestalt erzeugen, wie die Vernunft „je schon" (also a priori) sich selbst versteht und auf ihre Objekte bezogen ist. Der moralische Protest gegen den vorgefundenen Weltzustand und das praktische Programm zu seiner Umgestaltung entspringen der Erfahrung, daß das handelnde Subjekt in der Welt, wie sie ist, nicht sein kann, was es selber ist. „Ideen", so wurde an früherer Stelle gesagt, dienen dazu, daß die Selbstgesetzgebung der Vernunft zur Weltgesetzgebung fortschreite. Dieses Fortschreiten ist notwendig; denn der Widerspruch zwischen dem Selbstverständnis des Subjekts und den vorfindlichen Bedingungen, unter denen es handeln muß, macht es nötig, die Welt zu verändern, wenn das Subjekt es selber bleiben oder werden will. Die Weise, wie dieser Widerspruch sich darstellt, hängt davon ab, wie das Subjekt sich selbst versteht und wie es die Welt erfährt.

Für dieses Selbstverständnis der Vernunft und damit für die Erfahrung des Widerspruchs zwischen Ideen und gegebener Weltwirklichkeit gibt es verschiedene Modelle.

Das handelnde Subjekt kann sich, mit Kant, als sittliche Vernunft verstehen, die sich verpflichtet weiß, allein die „Achtung fürs Gesetz" zur Triebfeder ihrer Handlungen zu machen und nicht nach dem Glück oder Unglück zu fragen, das sich als Ergebnis dieser Handlungen einstellen wird. Gerade dann wird dieses Subjekt bemerken, daß es durch die Reinheit seiner Gesinnung gehindert wird, den als verpflichtend beurteilten Zweck unter den bestehenden Bedingungen durchzusetzen, weil die Skrupellosen es leichter haben, Macht zu gewinnen. Die Welt, wie sie ist, schafft Bedingungen, unter denen die moralische Gesinnung die Erreichung moralischer Zwecke zu vereiteln scheint. Die praktische Vernunft verstrickt sich in innere Widersprüche, wenn sie nicht zugleich nach außen dieser gegebenen Weltordnung widerspricht und die Aussicht auf eine bessere Welt gewinnt. Die Selbstgesetzgebung der Vernunft fällt dahin, wenn sie sich nicht zur Weltgesetzgebung erweitert. Dieser Erweiterung dient die praktisch-regulative Idee von der „moralischen Weltordnung" als dem „höchsten Gut". Vorausgesetzt aber ist dabei ein Selbstverständnis des Subjektes, nach welchem Vernunft die reine Form ist, die allen Inhalten gestaltend vorausgeht, sei es um „Sinnesaffektionen" zu erscheinenden Gegenständen zu gestalten, sei es um „Handlungsmaximen" unter die Bedingung zu stellen, daß ihnen nur gefolgt werden dürfe, sofern sie unter die Form des allgemeinen Gesetzes gebracht werden können. Dieser „Formalismus" ist für Kant Ausdruck der immer schon gegebenen Bedingungen alles

Erkennens und aller Gegenstände. Und dennoch erweist sich dieses Selbstverständnis und diese Welterfahrung als Ausdruck einer bestimmten, historisch gewordenen Prägung der Vernunft, nach deren Bestimmungsgründen gefragt werden kann. Und diese Bestimmungsgründe spiegeln sich auch noch im radikalsten Protest gegen die gegebene zugunsten einer geforderten Ordnung der Welt.

Das gilt jedoch nicht allein im Hinblick auf Kant. Vielmehr nimmt dieser nur grundsätzlich vorweg, was später Marx an Hegel lobenswert fand: das Wesen der geistigen Tätigkeit als „Arbeit" gefaßt zu haben. Von den „Sinnesaffektionen" über die „Vorstellungsinhalte" bis zum ganzen vorfindlichen Weltzustand wandelt sich für Kant ebenso wie später für Hegel oder Marx alles Gegebene in „Material", das dem Verstande und der Vernunft zur produktiven Gestaltung in Theorie und Praxis zur Verfügung steht. Und wo das „Gegebene" als „ansichseiend" verstanden wird, löst es sich alsbald in vernichtenden Antinomien auf und verwandelt sich ins „Aufgegebene", sei es zum theoretischen Aufbau einer nach Vernunftgesetzen geordneten Natur, sei es zum praktischen Aufbau einer auf Vernunftgesetzen beruhenden Weltordnung.

Dieses kantische Verständnis der Vernunft und ihres Verhältnisses zu den Gegenständen bleibt auch dort erhalten, wo der „Formalismus" Kants verlassen wird. Alle Entgegensetzung von kantischer, idealistischer und materialistischer Dialektik läßt die eine Entscheidung unberührt, daß alles, was für uns wirklich ist, uns nur in der zweifachen Qualität begegnen könne: als Material oder als Produkt, und daß wir so lange in theoretischer und zugleich in praktischer Selbstentfremdung gefangen bleiben, bis wir in der Theorie alles scheinbar Gegebene als unser Produkt wiedererkennen und in der Praxis alles Vorfindliche in Material für unsere schöpferische Produktivität verwandelt haben.

Das Verständnis der gesamten Wirklichkeit nach dem Modell von Produzent, Material und Produkt reicht jedoch auch in die vorkantischen Epochen der Philosophie zurück bis in die Antike. Nicht zufällig wird schon die aristotelische Erklärung alles Seienden aus den Ursachen von „causa efficiens", Material und zweckentsprechender Form immer wieder am Beispiel der handwerklichen Güterproduktion anschaulich gemacht. Marx hat dieses Verständnis der Welt und des Menschen nur auf seinen Begriff gebracht, wenn er den Produktionsprozeß ausdrücklich zum zentralen Gestaltungsfaktor aller realen und idealen Prozesse erklärte. Martin Heidegger aber hat mit gutem Grunde diesen „materialistischen" Grundzug der europäischen Metaphysik hervorgehoben, sofern „das Wesen des Materialismus [...] nicht in der These" besteht, „alles sei nur Stoff, vielmehr in einer metaphysischen Bestimmung, der gemäß alles Seiende als das Material der Arbeit erscheint" (Über den Humanismus, 27).

Dieses Selbstverständnis ist überall dort vorausgesetzt, wo ein Widerspruch erfahren wird zwischen der „Produktivität" des Subjektes und den Bedingungen, unter denen sie ausgeübt wird. Und es ist stets die Erfahrung dieses Widerspruchs, die die praktisch-regulative Idee von der Neugestaltung der Weltwirklichkeit erzeugt. Dabei brauchen es nicht immer nur sozio-ökonomische Bedingungen zu sein, die sich der Produktivität des Subjekts in den Weg stellen und bewirken, daß das objektive Ergebnis seines Tuns den subjektiven Zielen seines Wollens widerspricht. „Was ich wirkend zustande bringe, begreife ich nicht. Denn ich bringe nicht das zustande, was ich beabsichtige, sondern bewirke, was ich hasse" (Röm. 7,15). Die Entfremdung, in welcher das handelnde Subjekt sich in den Produkten seines Wirkens nicht wiedererkennt („so handle gar nicht ich" Röm. 7,17), kann auch in anderen als marxistischen Auslegungen als der Erfahrungsgrund für die Forderung nach einer anderen Welt verstanden werden. Und auch dann noch spiegelt diese Forderung das Elend der erfahrenen Entfremdung („Ich elender Mensch, wer reißt mich heraus?" Röm. 7,24).

Unabhängig von den gewaltigen Differenzen zwischen der paulinischen und der kantischen, der idealistischen und der marxistischen Position ließ sich feststellen: In der vorfindlichen Weltgestalt ist der Widerspruch zwischen der subjektiven Vernunft und ihren objektiven Tätigkeitsbedingungen nicht aufhebbar und findet deshalb im Selbstverständnis des Menschen seine Abbildung als Widerspruch zwischen seinem subjektiven Wollen und der Erfahrung von dessen objektiver Wirkung. Gerade dann aber scheint es fraglich, ob jene neue Welt, in der dieser Widerspruch versöhnt und die Selbstentfremdung des Menschen überwunden wäre, von der Wirkkraft menschlicher Vernunfttätigkeit erwartet werden kann. Denn wenn die objektiven Weltverhältnisse, die die Entfremdung erzeugen, gerade den Widerspruch zwischen subjektivem Wollen und objektivem Vollbringen bewirken, dann scheint jede „neue" Welt, die auf solche Weise bewirkt wird, gerade nicht dem Gewollten zu entsprechen, sondern den „alten" Widerspruch nur zu reproduzieren. Jene „Gerechtigkeit", die mehr sein soll als eine bloß subjektiv-innerliche, objektiv aber unwirksame „Mitfreude mit dem Gesetz" (Röm. 7, 22), scheint nicht durch die „Werke" realisierbar zu sein.

Gegenüber der bloßen Reproduktion des Widerspruchs zwischen dem Selbstverständnis der Vernunft und den realen Bedingungen ihres Wirkens will die theologische Rede von einer „neuen Wirklichkeit" dasjenige bezeichnen, was den Menschen aus dem Zwang befreit, die erhoffte neue Welt als Werk des alten Menschen zu erwarten. Die wahre Gerechtigkeit, von der diese Verkündigung sprechen will, hat demgegenüber den Charakter der „reinen Gabe": nicht um menschliches Wollen und Wirken (im Warten auf Gottes Taten) überflüssig zu machen, sondern um das objektive Vollbringen des subjektiv Gewollten erst zu ermöglichen.

c) Der theologische Sinn der Philosophiekritik

Auch die zweite oben vorgeschlagene Formel: „Keine wahrhaft systemverändernden Ideen ohne Ansage einer neuen Wirklichkeit" erschöpft sich nicht in ihrem philosophiekritischen Gebrauch. Auch in diesem Falle steht die Philosophiekritik, die von der Theologie unternommen wird, im Dienste einer spezifisch theologischen Aussage.

Gegenstand der theologischen Kritik ist eine Philosophie, die zwar den Widerspruch zwischen der subjektiv-praktischen Vernunft und den objektiv-praktischen Wirkungszusammenhängen aufzeigt, aber dennoch die Überwindung dieses Widerspruchs von den Leistungen der praktischen Vernunft erhofft – wobei offensichtlich vorausgesetzt wird, was erst erreicht werden soll: daß die Vernunft nun „endlich" auch objektiv vollbringe, was sie subjektiv erstrebt. Aber diese Philosophiekritik steht ihrerseits im Dienste der Verkündigung von einer Gerechtigkeit, die nicht das selbstbewirkte Ergebnis, sondern die frei gewährte Voraussetzung aller „guten Werke" ist.

Unter diesem theologischen Gesichtspunkt betrachtet, erscheinen die Postulate einer praktischen Philosophie und die Programme einer revolutionären Politik, welche die objektiven Verhältnisse so verändern wollen, daß die subjektiven Vernunftabsichten erfüllbar werden, nur als Ausdruck jenes Bewußtseins, das den Widerspruch zwischen Wollen und Vollbringen stabilisiert, statt ihn zu überwinden. Denn jede praktisch-regulative Idee, nach welcher eine bessere Welt postuliert wird, erweist sich als Funktion jener besonderen Vernunftgestalt, in welcher der Mensch immer schon sich selbst als „Produzent" begreift und deshalb alles Wirkliche stets nur als Material oder Produkt seines Wirkens verstehen kann. Eben damit aber, so läßt sich der paulinischen Kritik entnehmen, verschließt er sich der Möglichkeit, aus jenem Zirkel der „Werkgerechtigkeit" befreit zu werden, in welchem sich der Widerspruch zwischen subjektivem Wollen und objektivem Bewirken, zwischen subjektiver Moralität der Gesinnung und objektiver Ungerechtigkeit der Verhältnisse beständig wiederherstellt.

Darum wird die Theologie es auch nicht verwunderlich finden, wenn eine solche Philosophie gegen die Verkündigung vom Heil „allein aus Gnade" und „allein aus Glauben" polemisiert und einen Ausdruck bloßer Ressentiments erblickt, wo die Glaubensbotschaft davon spricht, daß der Mensch die Gerechtigkeit gerade dort verfehlen muß, wo er sie als Ergebnis der eigenen Leistung erstrebt. Theologisch beurteilt, erscheint diese religionskritische Polemik nur als Ausdruck einer Selbststabilisierung des alten, aber vergeblichen Willens zur „eigenen Gerechtigkeit". Denn das Bestreben, seine „eigene Gerechtigkeit aufzurichten" (Röm. 10,3), erzeugt jenen „Unverstand" (ibd.), der sich der Chance einer „fremden", d. h. ihm „allein aus Gnade, abseits von den Werken" geschenkten Gerechtigkeit immer schon verweigert. Wo das Selbst- und Weltverständnis des Menschen sich „immer schon" im Horizont von Produktion, Material und Produkt bewegt, da widerspricht die Botschaft von dieser fremden Gerechtigkeit dem „Apriori" solchen Denkens und muß diesem notwendig als Absurdität und Skandal („Torheit und Ärgernis") erscheinen. Und doch läßt sich, so besagt die gewonnene Interpretation der christlichen Zusage, der Teufelskreis einer sich reproduzierenden Entfremdung nur durchbrechen, wenn auf alle „eigene Gerechtigkeit" Verzicht geleistet wird.

Damit wird die religionskritische These nicht bestritten, wonach jede Rede vom Unbedingten zum bloßen Vorwand für Resignation und Weltflucht wird, wenn sie nicht zugleich einen praktischen Gebrauch möglich macht. Nicht ohne Absicht wurde oben auch in diesem Falle die theologische Antwort auf den philosophiekritischen Einwand nicht als dessen Widerlegung formuliert, sondern als sein komplementäres Spiegelbild. „Keine Rede vom Unbedingten ohne praktisch-regulativen Gebrauch; aber keine praktisch-regulativen Ideen ohne Ansage einer neuen Wirklichkeit."

Damit ist gesagt: die Zusage dessen, was ohne menschliche Leistung schon geschehen ist, macht die Forderung an die menschliche Praxis nicht entbehrlich, sondern allererst möglich. Denn alle Imperative für die Praxis verfehlen ihre eigene Intention (so daß ich „bewirke, was ich hasse"), wenn sie nicht in dem Indikativ begründet sind, in dem dem Menschen zugesagt wird, was er in keiner Weise als Produkt seiner Produktivität, als Wirkung seiner Werke erhoffen kann. Aber entsprechend erreichen auch alle Indikative, die von einer „neuen Welt" sprechen, ihre Aussage-Absicht nur dadurch, daß sie das göttliche Handeln, das sie als schon geschehen beschreiben, zugleich dem Menschen als Inhalt seiner Weltwirksamkeit anvertrauen. Theologisch verstanden, kann der Mensch nur dasjenige Heil wirken, das von Gott je schon gewirkt ist; aber er kann das ihm geschenkte Heil nicht empfangen, wenn er sich nicht bereit findet, es in freiem Tun als das ihm anvertraute Heil für die Welt zu „verwalten". „Ich plage mich gemäß dem Am-Werke-Sein, mit welchem er in mir kraftvoll am Werke ist" (Kol. 1,29).

Eine Theologie solcher Art könnte sich die religionskritischen Argumente zu eigen machen, die in dem Satz zusammengefaßt sind: „Kein Begriff vom Unbedingten ohne praktisch-regulativen Gebrauch." Denn dieser Hinweis erinnert die Theologie daran, daß die Glaubensbotschaft nicht eine ferne Wirklichkeit theoretisch beschreibt, um unsere Praxis in „dieser Welt" sich selbst zu überlassen. Von der neuen Schöpfung sprechen heißt zugleich, jenen Widerspruch radikal offenlegen, der in der „alten" Welt zwischen Vernunft und Verhältnissen, zwischen Wollen und Bewirken besteht; diesen Widerspruch aber kann der Mensch nur erfahren, wenn er vom theoretischen zum praktischen Vernunftgebrauch übergegangen ist. Wer in reiner Theorie verharrt, versteht nicht, wovon die „frei machende Botschaft" ihn befreien soll. Und von der Gnade sprechen heißt zugleich, den Menschen für eine Praxis in Anspruch nehmen, die erst unter Voraussetzung dieser neuen Schöpfung möglich geworden ist.

Aber indem die Theologie sich auf solche Art die religionskritische Argumentation aneignet, wird sie nicht genötigt, diejenigen Momente aus ihrem Bekenntnis auszuscheiden, die zuvor der Jenseitskritik und dem Ressentimentverdacht zum Opfer zu fallen schienen: das Bekenntnis einer Hoffnung auf Gerechtigkeit „allein durch Gott, allein aus Gnade, allein durch den Glauben". Denn diese Bekenntnisinhalte besagen nun nicht länger, daß der Mensch, nach all seinen Mißerfolgserfahrungen, sich der Last des Handelnmüssens entziehen könnte, sondern daß er nun erst zur Freiheit des Handelnkönnens befreit werden soll; diese Befreiung geschieht, indem das „Apriori" von Selbstgerechtigkeit und dar-

Kern, sondern zur zeitbedingten Schale der Glaubensbotschaft zu rechnen, die nicht mit einem Schlage aufgebrochen werden konnte. Wenn die Christen jedoch im Verlaufe ihrer späteren Geschichte davor zurückscheuten, die Radikalität der christlichen Botschaft auch gegen diese „religiösen Reste“ ihres eigenen Bewußtseins und ihrer eigenen Praxis durchzusetzen, so seien sie einem „Rückfall ins Heidentum“ erlegen, den es heute – auch gegen den Widerstand kirchlicher Institutionen – zu überwinden gelte. Die Rechtfertigung des christlichen Glaubens aber bestehe in dem (durch die Tat zu erbringenden) Nachweis, daß dieser Glaube die Christen befähige, sich von allem Paganismus auch dort zu emanzipieren, wo dieser heute in kirchlich „geheiligter“ (d.h. gutgeheißener und als unantastbar erklärter) Gestalt auftrete. Der Erfolg solcher emanzipatorischer Anstrengungen sei der einzig mögliche Beweis dafür, daß die christliche Botschaft nicht „tot“ sei und von den Anhängern anderer Verheißungen „beerbt“ zu werden brauche.

Nicht weniger als in den ersten beiden Fällen wäre jedoch auch hier ein drittes Argumentationsverfahren denkbar. Es wäre möglich, die Tatsachenbehauptung zu konzedieren, daß in der Geschichte der christlichen Glaubensüberlieferung zwei gegenstrebige Tendenzen in ein stets neues und stets labiles Gleichgewicht gebracht werden mußten: die radikal kritische Funktion der biblischen Botschaft und die Notwendigkeit, die Gemeinde der Glaubenden und ihre Institutionen zu erhalten und ihren Einfluß nach Möglichkeit zu stärken. Aber zugleich läßt sich die Regel bestreiten, daß das Spannungsverhältnis zwischen diesen beiden Tendenzen nur die Wahl lasse, entweder die Radikalität der Kritik zu wahren und deshalb auf die Selbsterhaltung und Selbstdurchsetzung der Kirche zu verzichten oder die kirchlichen Institutionen durch „Sakralisierung“ zu retten und dadurch die historische Funktion der biblischen Botschaft zu verraten. Denn auch in diesem Falle läßt das von der Religionskritik behauptete Faktum eine theologische und sogar ekklesiologische Deutung zu. Diese läßt sich in folgender Weise skizzieren.

Die Kritik am „Götzendienst der Heiden“, wie sie in der Bibel formuliert wird, richtet sich gegen jene „Vertauschung“, durch welche dem Geschöpf diejenige Ehre und derjenige Dienst dargebracht wird, der dem Schöpfer gebührt (vgl. Röm. 1,25). Der „Götze“ ist also nicht eine an sich widergöttliche Macht, sondern die vom Menschen vergottete Kreatur, der der Mensch sich wider seinen Willen unterworfen findet, sobald er sich selbst nicht unter die „Herrlichkeit“ des wahren Gottes beugt (Röm. 1,21f.). Die Weltvergottung ist die Folge einer menschlichen Selbstvergottung. Diese ist die „heidnische“ Parallele zu jener „Selbstgerechtigkeit“, die Paulus als den Grund für die „Uneinsichtigkeit“ der Juden erkannt zu haben meint. Darum wird die wahre Intention des Kampfes gegen die „Götzen“ überall dort verraten, wo die Selbstherrschaft des Menschen das letzte Ziel darstellt, weil gerade dieser Wille zur Selbstherrschaft beständig neue Götzen erzeugt. Die kritische Funktion des Kampfes gegen falsche Götter bleibt also nur dort gewahrt, wo der Mensch (als einzelner wie als Gruppe) sich, gemeinsam mit der von ihm kritisierten „Welt“, unter das Gericht Gottes beugt, statt sich zum Richter über diese Welt aufzuschwingen. „Jeder richtende Mensch“ ist im Gerichte Gottes „unentschuldbar“ (Röm. 2,1). „Mit dem Gerichtsspruch über die anderen sprichst du dir selbst die Verurteilung aus“ (Röm. 2,2). Auch die Theologie kennt also den Sachzusammenhang zwischen der Kritik am „Götzendienst“ und der Notwendigkeit, auch diejenige Gruppe, die „den anderen“ das Gericht ansagt, mitsamt ihren Denkformen, Verhaltensmustern und Institutionen unter eben dieses Gericht zu stellen.

Die Theologie kann also mit der philosophischen Religionskritik sagen: „Keine Wahrung der kritischen Funktion ohne deren Anwendung auf die religiösen Institutionen.“ Aber die Theologie wird darin keinen Grund sehen, die biblische Botschaft als Aufforderung zur Selbstliquidation der Kirche als Gruppe und Institution zu verstehen. Denn gerade im Blick auf ihre eigene Entdekkung, daß die Gesamtstruktur des (neuzeitlich-)europäischen Bewußtseins durch das Kategorienpaar von Kraft und Werk (Produktivität und Produkt) beherrscht ist, wird sie diesem religionskritischen Satz den zweiten hinzufügen: „Kein Verzicht auf Selbstgerechtigkeit ohne religiöses Selbstverständnis."

b) Der philosophiekritische Sinn der theologischen Aussage

Die soeben vorgeschlagene Formel spricht wiederum zunächst von dem, was „ohne religiöses Selbstverständnis" unerreichbar bleibt. Aber gerade in diesem philosophiekritischen Sinne sagt sie etwas, was der Philosophie sehr wohl begreiflich ist. Denn auch noch die dringlichsten Appelle zu emanzipatorischer Radikalität, die von der Religionskritik erhoben und gegen die religiösen Institutionen geltend gemacht werden, erscheinen bei näherer Betrachtung zugleich als Mittel, um die alte Herrschaft von Menschen über Menschen nur in veränderter Rollenverteilung wiederherzustellen. Denn es ist nicht nur eine These des Marxismus, daß zwischen der Überzeugungskraft von Ideen und dem gesellschaftlichen Einfluß ihrer Verfechter ein Verhältnis gegenseitiger Abhängigkeit besteht. Wer Ideen verbreiten will, muß vor allem die zu gewinnen versuchen, an denen die Gesellschaft sich orientiert; denn die Lebensformen, Vorstellungen und Werturteile derjenigen Gruppen, die das Leben der Gesellschaft bestimmen, finden Beifall und Nachahmung bei allen, die darauf hoffen, in diese Kreise Aufnahme zu finden oder wenigstens von ihnen Achtung zu erfahren. Umgekehrt muß, wer solchen gesellschaftlichen Gruppen ihren Einfluß entreißen will, neue Ideen verbreiten, um seinen Kampfgenossen das Bewußtsein zu geben, daß sie nicht nur für ihre Interessen, sondern zugleich für die „bessere Sache" streiten. Auch wer diese Beobachtungen nicht spezifisch marxistisch deutet („Die herrschenden Ideen sind die Ideen der Herrschenden"; „die Kritik der Waffen bedarf der Waffen der Kritik"), wird durch die Erfahrung aller Revolutionen über zwei Sachverhalte belehrt: Beinahe jeder Grad der Unterwerfung unter eine Kommandogewalt wird freiwillig ertragen, wenn es gelingt, Gehorsam im Namen des Kampfes für die befreiende Gerechtigkeit zu fordern; umgekehrt wird nahezu jedes Minimum an rechtlicher Ordnung als unerträglicher Zwang erlebt, wenn sie als Instrument fremder Macht im Dienste fremder Interessen erscheint.

Wer für Ideen streitet, muß zugleich gesellschaftlichen Einfluß wollen; wer um gesellschaftlichen Einfluß kämpft, muß zugleich für Ideen eintreten. Dieser wechselseitige Bedingungszusammenhang erzeugt eine tiefe Zweideutigkeit, denn er gestattet die unmerkliche Vertauschung von Mitteln und Zwecken. Bei jeder konkreten Auseinandersetzung läßt sich fragen: Ist die Verbreitung von Ideen der Zweck, der den Einfluß auf die Gesellschaft als unentbehrliches Mittel verlangt? Oder ist umgekehrt das Eintreten für Ideen das Mittel, das dazu dient, ihren Anhängern Einfluß auf die Gesellschaft zu verschaffen und ihren Anspruch auf diesen Einfluß zu rechtfertigen? Auf solche Weise gerät aller Streit von Ideen in den Verdacht, ein Streit der Ideologien zu sein, deren Funktion darin besteht, ihren Anhängern einen Konkurrenznutzen beim Kampf um die Macht zu verschaffen. Und es hilft nicht weiter, wenn eine der streitenden Parteien versichert, es gehe ihr ausschließlich um die Sache des Rechts und damit um die Befreiung von fremder Willkür. Denn auch diese Beteuerung steht unter Ideologieverdacht, weil die Ideologie in dem Maße wirksamer wird, in welchem sie ihren ideologischen Charakter, d.h. ihre Funktion als Mittel im Kampf um die Macht, verschleiert.

Damit ist ein zirkuläres Bedingungsverhältnis sichtbar geworden, welches dahin führt, daß die Funktion von Ideen zuletzt die Bedingungen ihrer Wirksamkeit zerstört. Ideen dienen der Kritik an der bestehenden Wirklichkeit; radikale Kritik verlangt den Verzicht auf Selbstrechtfertigung; der Verzicht auf Selbstrechtfertigung vermindert die Chance auf Selbstbehauptung und Selbstdurchsetzung der eigenen Gruppe; geht diese Chance verloren, so verliert die Idee ihre soziale Effizienz.

Dieser Zirkel erzeugt ein Dilemma: Der Verzicht auf Selbstrechtfertigung ist durch den Inhalt der Ideen ebensosehr gefordert, wie er durch den Auftrag, diese Ideen gesellschaftlich wirksam zu machen, verboten erscheint. Die kritische Funktion der Ideen wird durch den Verzicht auf Selbstrechtfertigung (und damit auf Selbstdurchsetzung) nicht weniger verraten als durch Aufrechterhaltung des Anspruchs, „im Recht zu sein".

Gegenüber jenen Emanzipations-Appellen, die sich stets nur wiederum als Mittel im Kampf der Ideologien erweisen und so die alte Herrschaft von Menschen über Menschen nur in veränderter Rollenverteilung wiederherstellen, will die Theologie von einer „Rechtfertigung" sprechen, die den Menschen von dem Zwang befreit, sich selbst ins Recht und „die anderen" ins Unrecht zu setzen. Die wahre Treue zur kritischen Funktion hat demgegenüber den Charakter der Solidarität dessen, der die Gerichtsbotschaft vermittelt, mit der diesem Gericht verfallenen Welt. Diese Solidarität aber, zu der der Glaubensbote sich verpflichtet weiß, gründet ihrerseits in der Hoffnung darauf, daß gerade das Gericht sich als die verhüllende „Außenseite" der gnädigen Rettung erweisen werde.

c) Der theologische Sinn der Philosophiekritik

Auch in diesem dritten Falle zeigt sich, daß die theologische Philosophiekritik nicht Selbstzweck ist, sondern im Dienste einer spezifisch theologischen Aussage steht. Denn auch die dritte oben vorgeschlagene Formel: „Kein Verzicht auf Selbstgerechtigkeit ohne religiöses Selbstverständnis", erschöpft sich nicht in ihrem philosophiekritischen Gebrauch.

Gegenstand der theologischen Kritik ist eine Philosophie, die zwar deutlich macht, daß das menschliche Denken und Handeln vor die verzweifelte Wahl zwischen ideologischer Selbstrechtfertigung und ideologiekritischer Skepsis gestellt ist, die aber keinen möglichen Weg aus dieser Alternative aufzuzeigen vermag. Aber diese Philosophiekritik ihrerseits steht im Dienste des Bekenntnisses zu einer Hoffnung, die nicht Lohn für Leistung erwartet (und daher zu vergleichender Selbstrechtfertigung nötigt), sondern der unverdienten Gnade gewiß ist (und daher auch die eigene Schuld eingestehen kann).

Unter diesem theologischen Gesichtspunkt betrachtet, erscheinen die Aporien der Ideologiekritik (die ihrerseits dogmatisch wird, wo der Kritiker sich vom Ideologieverdacht ausnimmt, oder in Skepsis umschlägt, wo er diesen Verdacht auch auf sich anwendet) nur als der Ausdruck bestimmter Bedingungen des sozialen Wettbewerbs. Diese Bedingungen sind dadurch charakterisiert, daß die Zustimmung zu irgendwelchen Ideen zugleich als Anerkennung des Führungsanspruches ihrer Vertreter verstanden wird. Unter diesen Bedingungen werden moralische Wertungen zur Waffe im Kampf gesellschaftlicher Kräfte, und das Eingeständnis eigenen Unrechts schließt die Minderung der Chance ein, die eigenen Ideen gesellschaftlich zur Wirkung zu bringen.

Darum wird die Theologie es auch nicht erstaunlich finden, wenn ihr eigener Anspruch, Gottes Gericht und Gnade anzusagen, alsbald unter Ideologieverdacht gerät und die behauptete „Solidarität mit den Sündern" nur als ein besonders subtiles Mittel gewertet wird, die eigenen (kirchlichen) Herrschaftsansprüche durchzusetzen. Theologisch beurteilt, erscheint diese religionskritische Polemik nur als Ausdruck einer Selbststabilisierung derjenigen Gesellschaft, die zwar bereit ist, Eliten zu verehren, aber unwillens, das Bekenntnis der Hoffnung an das der eigenen Schuld zu knüpfen.

Damit ist die religionskritische These nicht bestritten, wonach auch die Kirche als gesellschaftliche Gruppe und Institution der Notwendigkeit unterliegt, sich selber gesellschaftlich durchzusetzen, wenn sie ihren Auftrag erfüllen will, so daß sie unter den Verdacht gerät, ihre Verkündigung als Mittel solcher Selbstdurchsetzung zu gebrauchen. Nicht ohne Absicht wurde oben die theologische Antwort auf den Ideologieverdacht nicht als dessen Widerlegung formuliert, sondern als seine Ergänzung. „Keine Wahrung der kritischen Funktion ohne deren Anwendung auch auf die religiösen Institutionen; aber kein Verzicht auf Selbstgerechtigkeit ohne religiöses Selbstverständnis."

Damit ist gesagt: Die Zusage der Gnade im Gericht macht die Radikalität der Selbstkritik nicht überflüssig; sie macht vielmehr Individuen und Institutionen erst fähig, diejenige Kritik, die sie an der Welt üben, unvermindert auch auf sich selber anzuwenden. Denn die Urteilsfähigkeit des Glaubensboten beruht nicht darauf, daß seine eigene kritische Einsicht von der allgemeinen Verderbnis der Welt ausgenommen wäre. Sie ist vielmehr, theologisch verstanden, eine Folge davon, daß ihm ein fremdes Wort anvertraut ist, welches ihn wie die Welt seiner eigenen Sündhaftigkeit überführt und ihm wie der Welt die „fremde", d.h. ohne eigenes Verdienst gewährte, Gerechtigkeit zuspricht.

Eine Theologie solcher Art könnte sich die religionskritischen Argumente zu eigen machen, die in dem Satz zusammengefaßt sind: „Keine Wahrung der kritischen Funktion ohne deren Anwendung auf die religiösen Institutionen." Denn dieser Hinweis erinnert die Glaubenden daran, daß ihr Verkündigungsauftrag ihnen nicht gestattet, sich vor der Welt ins Recht zu setzen, sondern von ihnen verlangt, sich selbst zugleich mit der Welt unter das von ihnen angesagte Gericht zu beugen. Vom richtenden Gott sprechen heißt zugleich bekennen, daß jeder, der sich selbst ins Recht setzt, schon gerichtet ist. Und vom gnädigen Gott sprechen heißt zugleich bezeugen, daß Gott sich derer annimmt, die sein richtendes Urteil annehmen, und die verwirft, die sich von diesem Urteil unbetroffen meinen.

Aber indem die Theologie sich auf solche Art die ideologiekritische Argumentation aneignet, wird sie keineswegs genötigt, diejenigen Momente aus ihrem Bekenntnis auszuscheiden, die zuvor der Ideologiekritik zum Opfer zu fallen schienen: das Selbstverständnis der Kirche als „Heilszeichen für die Welt" („Sacramentum mundi") und die Behauptung, die „Ehre" des Menschen bestehe in seiner Teilhabe an der „Selbstentäußerung" Gottes. Denn diese Bekenntnisinhalte besagen nicht, daß die Glaubenden unter dem Deckmantel der Demut dennoch einen Weg gefunden hätten, um sich über die dem Gericht verfallene „böse Welt" zu erheben; sie besagen vielmehr, daß die Glaubenden für sich selber keine andere Hoffnung kennen als die, die sie in ihrer Botschaft vom Gericht auch der Welt anzusagen haben.

Zwischen den Menschen und ihrem kritischen Auftrag besteht das Verhältnis der Repräsentation, nicht der Identität. Wo solche Identität vorgetäuscht wird, wo also der Verkünder der Gerichtsbotschaft sich selbst zum Richter aufwirft, entsteht das, was theologisch als Selbstvergottung, philosophisch als Ideologisierung zu bezeichnen ist. Aber gerade das Verhältnis der Repräsentation begründet zugleich die Unvertretbarkeit der Menschen, die nicht (in scheinbar selbstkritischer Demut) darauf warten können, daß die Wahrheit sich von selbst zeige und die Welt ohne ihr Zutun eine neue Gestalt empfange. Wird dies vergessen, so entsteht das, was theologisch als Schwärmertum, philosophisch als Utopismus zu bezeichnen wäre. Es ist die religiöse Kategorie der „Vergegenwärtigung", die diesen Ausweg aus dem Dilemma eröffnet. Und es war diese Perspektive, die oben durch die Formel angedeutet werden sollte: „Kein Verzicht auf Selbstgerechtigkeit ohne religiöses Selbstverständnis."

4. Ein vorläufiges Ergebnis

Die drei behandelten Beispiele scheinen gemeinsam zu lehren: Es ist eine Apologetik denkbar, die die religionskritischen Einwände der Philosophie weder „widerlegt" (= als in sich falsch erklärt) noch „als fehladressiert zurückweist" (= ihre Anwendbarkeit auf die christliche Botschaft bestreitet). Eine solche Apologetik könnte angesichts der philosophischen Religionskritik das Recht der christlichen Botschaft dadurch dartun, daß sie dreierlei aufweist:

1. Die gegen das Christentum vorgebrachten Argumente (Projektionsverdacht, Ressentimentverdacht, Ideologieverdacht) bezeichnen keine spezifischen Schwächen derjenigen Subjektivität, die dem Glaubensakt zugrunde liegt. Sie benennen vielmehr grundsätzliche Aporien des menschlichen Denkens

überhaupt oder wenigstens seiner speziell neuzeitlich-europäischen Gestalt (die Herrschaft der Subjekt-Reflexion über jeden möglichen Objektbezug, die Herrschaft des Auslegungsmodells von Produzent, Material und Produkt über alle Erfahrung, schließlich die Antinomie von ideologischem Dogmatismus und ideologiekritischem Skeptizismus).

2. Die Feststellung dieser Aporien, an denen selbstverständlich auch das Bewußtsein der Glaubenden Anteil hat, wird in gewissen religionskritischen Argumenten für einen Widerlegungsgrund gehalten, der spezifisch gegen die Religion angewandt werden könne. Doch zeigt eine genauere Betrachtung, daß die philosophische Argumentation dabei gerade jene Bewußtseinsform, die die genannten Aporien erzeugt hat, als „apriorisches Gesetz" voraussetzt.
3. Ungeachtet der Tatsache, daß das Bewußtsein der Glaubenden seiner Form nach an der Eigenart des menschlichen und speziell des europäisch-neuzeitlichen Denkens partizipiert, ist es doch auf einen Inhalt bezogen, der erkennen läßt: Diese bestimmte Bewußtseinsform ist kontingent und also variabel. Diese Einsicht aber ist es, die einen Ausweg aus den Aporien dieses bestimmten Bewußtseins erhoffen läßt.

Diese Ergebnisse sind, in spezifischer Abwandlung, bei der Auseinandersetzung mit allen drei klassischen Argumenten der philosophischen Religionskritik erzielt worden.

a) Im Zusammenhang von „*Anthropomorphismuskritik und Projektionsverdacht*" hat sich gezeigt: Für das menschliche Denken, wie es sich in sonst sehr unterschiedlichen Philosophien ausspricht, ist alle Vermittlung von Subjekt und Objekt einem apriorischen Gefüge eingezeichnet, dem zufolge jedes Objekt der Theorie und der Praxis für den Menschen zu einem Moment auf dem Wege „zu sich selber" geworden ist. Der gegen die Religion erhobene Projektionsverdacht spricht insofern nichts anderes aus als dieses Gesetz, dem das menschliche Denken und Handeln auch außerhalb der Religion immer schon unterworfen ist: die grundlegende Herrschaft des Selbstbezuges über jeden Objektbezug.

Einem solchen Denken muß auch die Rede von Gott als eine besondere (wenn auch verschleierte) Rede des Menschen von sich selbst erscheinen. Die philosophische Religionskritik stellt deshalb die Frage: Welches Bewußtsein (bzw. welches Gefüge realer Bedingungen für eine Bewußtseinsgestalt) spricht sich in den Gottesvorstellungen der Religion aus? Die theologische Philosophiekritik aber stellt die Gegenfrage: Welches Gottesverhältnis spiegelt sich in einem Bewußtsein, das so sehr bei sich allein gelassen ist, daß ihm alles Begegnende nur als Medium seiner Frage nach sich selbst oder als Material, Hilfsmittel oder Hindernis für die Produktion seiner selbst begreiflich wird? Welches ist der Gott (oder Götze) eines Menschen und einer Welt, für den das theoretische und praktische Verhältnis zu sich selbst (das Selbstwissen oder die Selbstproduktion) das apriorische Gefüge ausformt, dem alle Vermittlung zwischen Subjekt und Objekt immer schon eingezeichnet ist? Und was sagt es über die Herrschaft dieses Gottes oder Götzen aus, daß einem solchen Bewußtsein alles Faktische sich in ein Moment im System verwandelt und darum alle erfahrene Kontingenz in die Notwendigkeit eines Gesetzes aufgehoben erscheint?

Gerade in diesem Zusammenhang aber zeigt die Rede von Gott die Möglichkeit an, dieses apriorische Gesetz nur als eine besondere, historisch bedingte und darum variable Gestalt menschlicher Subjektivität zu begreifen. Was für den Menschen, wie er ist, als ebenso denknotwendig wie sachnotwendig erscheint, was deshalb für die Philosophie als letzter Urteilsmaßstab gilt und was daher auch die Kriterien ihrer Religionskritik bestimmt, das spiegelt nur diejenige Verfaßtheit der menschlichen Subjektivität, aus der die religiöse Verkündigung den Menschen befreien will. Denn indem die Verkündigung des Glaubens „einen neuen Himmel und eine neue Erde“ verheißt und eine „Wandlung in der Neuheit des Bewußtseins“ verlangt, beansprucht sie von dem zu sprechen, das (oder vielmehr: der) die Bedingungen der Möglichkeit des Bewußtseins und seiner Gegenstände überhaupt zu ändern vermag.

Darin ist mitgesagt, daß das Gesetz des „vorfindlichen“ Denkens und seiner „vorfindlichen" Welt nur das Gesetz eines faktischen Weltzustandes sei (etwa des Zustandes „zwischen Sündenfall und Erlösung"). Diese Rede ist implizit philosophiekritisch, weil sie alle Denk- und Sachnotwendigkeit, auf die die philosophische Argumentation sich stützt, als eine historisch kontingente, auf diesen bestimmten Weltzustand bezogene Notwendigkeit begreift. Gerade in dieser philosophiekritischen Funktion aber hat die theologische Rede von Gott auch positiv etwas zu sagen, was zur Sache der Philosophie gehört und deshalb philosophisch verständlich ist. *Der Ort für das philosophische Verstehen der theologischen Rede von Gott wird durch die Frage angezeigt, ob dasjenige, was der Mensch als das apriorische Gesetz seines Denkens erfährt, selber als kontingent und darum variabel gedacht werden könne.*

b) Im Zusammenhang von „*Jenseitskritik und Ressentimentverdacht*" hat sich gezeigt: Das europäisch-neuzeitliche (und vielleicht schon das europäisch-antike) Denken hat jenem allgemeinen Gesetz, wonach der Mensch in allen Objekten der Theorie nur sich selber findet, in allen Objekten der Praxis nur sich selbst verwirklicht, eine besondere Gestalt gegeben; ihm fügt sich die gesamte Wirklichkeit, die der Mensch erkennt und gestaltet, in das Kategorienschema von Produzent, Material und Produkt ein. Der gegen die Religion erhobene Ressentimentverdacht spricht insofern nichts anderes aus als dieses Gesetz, dem das europäische Denken und Handeln auch außerhalb der Religion immer schon unterworfen ist: die grundlegende Herrschaft der Programme produzierenden Handelns über jeden Wirklichkeitsbezug.

Denn einem solchen Denken muß auch die Rede von Gottes rechtfertigender Gnade als ein besonderer Ausdruck menschlicher Handlungsabsichten erscheinen, freilich in diesem Fall als der Ausdruck erfolglos gebliebener Handlungsabsichten und daraus entsprungener Ressentiments. Die philosophische Religionskritik stellt die Frage: Welche Mißerfolgs-Erfahrung macht es verständlich, daß die Glaubenden ihre Hoffnung nicht auf dasjenige setzen, was sie durch eigene Leistung in dieser Welt hervorbringen können, sondern auf die Verheißung fremder Gnade in einer kommenden Welt? Die theologische Philosophiekritik aber stellt die Gegenfrage: Was ist der Grund jenes fundamentalen Mißtrauens, das sich auf nichts verlassen will als auf das, was der Mensch selber hervorbringt? Welche Bewußtseinsgestalt erzeugt jene Hoffnungs-losigkeit (Unfähigkeit zur Hoffnung), die von der Zukunft allenfalls den Erfolg eigener Leistung erwartet, aber kein unverdient empfangenes Glück? Und was sagt es über einen Weltzustand aus, wenn die Rede von solcher Hoffnung stets als Ausdruck für enttäuschten Leistungswillen mißverstanden werden muß?

Gerade in diesem Zusammenhang aber zeigt die Rede vom „Heil allein aus Gnade" die Möglichkeit an, Widerspruch und Selbstentfremdung der praktischen Vernunft nicht als deren unvermeidliche Dialektik, sondern als Folge einer bestimmten, aber variablen Vernunftsgestalt zu verstehen. Der Widerspruch der praktischen Vernunft (die nicht „bewirkt", was sie notwendigerweise will) und ihre Selbstentfremdung (in ihren Produkten „sich selbst" nicht wiederzuerkennen) sind Folgen jener „Selbstgerechtigkeit", die gerade dann stabilisiert wird, wenn der Mensch auch noch die Befreiung aus dieser Lage als Wirkung seiner Werke selber herbeizuführen hofft – und dadurch gerade in die Unfähigkeit zur Hoffnung verfällt. Die Rede vom „Heil allein aus Gnade" ist also implizit philosophiekritisch, weil sie die „Dialektik der praktischen Vernunft" nicht als die notwendige Gestalt jeden Verhaltens zum Unbedingten versteht und doch zugleich begreift, warum diese Dialektik für „diese" Vernunft das unüberwindliche Apriori darstellt. Gerade in dieser philosophiekritischen Funktion aber sagt die theologische Rede vom „Heil aus Gnade" etwas, was zur Sache der Philosophie gehört und deshalb philosophisch verständlich ist. *Der Ort für das philosophische Verstehen der theologischen Rede vom Heil* (als der „fremden Gerechtigkeit", die „allein aus Gnade" stammt und „allein im Glauben" gewonnen wird) *wird durch die Frage angezeigt, ob jene Dialektik, aus der die Vernunft sich nicht befreien kann, ihr unveränderliches Wesen oder nur ihre faktische, für sie selbst freilich unentrinnbare Verstrickung erkennen lasse.*

An früherer Stelle wurde auf den Wechselbezug zwischen dem vorfindlichen Denken und seiner vorfindlichen Welt hingewiesen. Daraus wurde gefolgert, daß die Form des Denkens und die Eigenart der Realverhältnisse nur gemeinsam geändert werden können.

Weder kann das alte Denken eine neue Welt hervorbringen, noch gestattet die alte Welt ein neues Denken, und selbst dort, wo beide sich aneinander entwickeln, folgt diese Entwicklung stets dem „alten Gesetz".

Nun hat sich gezeigt, daß dieses apriorische Gesetz des vorfindlichen Denkens und seiner Welt für das neuzeitlich-europäische (vielleicht sogar schon für das antik-europäische) Denken und für alle ihm begegnende Wirklichkeit durch den Horizont von Produktivität, Material und Produkt (von causa efficiens, causa materialis und zweckdienlicher Form) bestimmt ist und daß in diesem Horizont gewisse Widersprüche der praktischen Vernunft unaufhebbar bleiben. Die gemeinsame konstitutive Bedingung für dieses Denken und seine Welt, d.h. das Apriori dieses bestimmten Bewußtseins und seiner Wirklichkeit, kann aber nur dann als kontingent und variabel gedacht werden, wenn sich dem Menschen eine Möglichkeit eröffnet, die ihn aus dem Zirkel der „Selbstgerechtigkeit" befreit, d.h. aus der Notwendigkeit, auch jede neue Welt als sein Produkt zu erwarten und damit, trotz aller revolutionären Programme, sie immer noch im alten Horizont zu begreifen.

Gerade in diesem Zusammenhang aber benennt die christliche Botschaft die Bedingung dafür, das menschliche Denken und Handeln aus diesem speziellen Apriori zu befreien: jene „fremde Gerechtigkeit", die nicht „aus den Werken" stammt und darum über die Alternative von Leistungsstolz und Mißerfolgserfahrung hinausführen kann. Denn für dasjenige Denken und diejenige Welt, deren konstitutive Struktur durch das Verhältnis von Produktivität, Material und Produkt bestimmt ist, ist nur dann eine Veränderung der apriorischen Bedingungen denkbar, wenn ihm eine Gerechtigkeit zugesagt wird, die nicht als Produkt seiner Produktivität zu begreifen ist, sondern als reine Gabe.

An früherer Stelle wurde gesagt: Die Frage, ob das Bewußtsein aus denjenigen Bedingungen befreit werden könne, die „an sich" historisch kontingent und variabel, für dieses Bewußtsein aber apriorisch und unveränderlich sind, bezeichnet den Kontext, innerhalb dessen die Rede von Gott philosophisch verstanden werden kann. Nun aber hat sich gezeigt: Für das neuzeitlich-europäische Denken werden die Bedingungen jeden möglichen Selbst- und Weltverständnisses durch das Kategoriengefüge von Produktivität, Material und Produkt bestimmt. Also wird für dieses Denken die Rede von Gott nur dann philosophisch verständlich, wenn sie zugleich die Möglichkeit ausspricht, dieses besondere „apriorische" Gesetz zu überwinden.

Damit aber ist mitgesagt: *Der Ort für das philosophische Verstehen der religiösen Rede von Gott wird für dieses besondere Denken nicht anders aufweisbar als durch die konkreten Inhalte der Botschaft vom Heil allein aus Gnade und Glaube,* d.h. durch die konkreten Inhalte der christlichen Verkündigung. Für diese konkrete Gestalt des Denkens und seiner Welt verliert darum jede andere als die spezifisch christliche Rede von Gott jeden philosophisch verständlichen Sinn. Hier macht nicht ein „allgemeiner Gottesbegriff" die „speziell christliche Gottesverkündigung" verständlich, sondern der Hinblick auf die christliche Gnadenansage macht diesem Denken erst begreiflich, was die allgemeinen Begriffe einer „Religion überhaupt" besagen. Auch dies ist ein Zeichen dafür, daß die konstitutiven Bedingungen eines Denkens und seiner Welt historisch, also kontingent und variabel sind. Dieses besondere europäische Denken ist so gestaltet, daß ihm alle „fremden Götter" immer nur im Hinblick auf den „Gott Jesu Christi" verständlich gemacht werden können.

c) Zuletzt aber, im Zusammenhang von *„Ideologiekritik und Verdacht des Verrats an der eigenen historischen Funktion"*, ist ein Drittes deutlich geworden: Das menschliche Denken ist, innerhalb und außerhalb der speziell religiösen Themenfelder, vor die Aufgabe gestellt, kritisch zu sein. Nun besteht ein Gegensatzverhältnis zwischen der geforderten Radikalität dieser Kritik und den Bedingungen ihrer gesellschaftlichen Wirksamkeit. Denn die Radikalität der Kritik verlangt, ihr auch die eigene Gruppe und ihre Institutionen und Programme zu unterwerfen; die gesellschaftliche Effizienz dagegen erfordert das ungebrochene Bewußtsein, die „gute Sache“ zu vertreten. Der gegen die Religion gerichtete Ideologieverdacht spiegelt also nichts anderes als dieses Dilemma, dem das kritische Denken auch außerhalb der Religion immer schon ausgesetzt ist: wählen zu müssen zwischen unkritischer Selbstgerechtigkeit und selbstkritischem Verzicht auf gesellschaftliches Wirken.

Einem solchen Denken muß die Rede von der „Gott-Ebenbildlichkeit“ des Menschen und von der „Zeichenfunktion“ der Glaubensgemeinde nur als die Verschleierung eines Herrschaftsanspruches erscheinen. Und wenn der Glaubende sich einerseits zur Unvertretbarkeit seines Auftrages und zugleich andererseits zur Unangemessenheit allen eigenen Tuns und Denkens bekennt, so erscheint dieses Bekenntnis als der verräterische Selbstwiderspruch des religiösen Bewußtseins, der dessen Selbstauflösung vorbereitet. Dieser Widerspruch besteht darin, einerseits durch das Bekenntnis der eigenen Menschlichkeit alle Kritik vom Inhalt der Botschaft auf deren Boten abzulenken, andererseits durch die Behauptung von der Göttlichkeit des Auftrages dennoch wieder auch für die Vermittler der Botschaft die öffentliche Geltung unentbehrlicher Heilsmittler zu beanspruchen.

Die philosophische Religionskritik stellt die Frage: Wie gelingt es den Vertretern religiöser Institutionen, vor sich und vor ihren Anhängern den Widerspruch zu verschleiern, auf dem ihr Herrschaftsanspruch beruht? Die theologische Philosophiekritik aber antwortet darauf: Wenn die philosophische Kritik es den religiösen Institutionen als Widerspruch anrechnet, daß sie sich auf eine Wahrheit berufen, die größer ist als ihre Boten, so muß sie den gleichen Einwand gegen jede Gruppe erheben, die irgendeiner Idee zu gesellschaftlicher Wirksamkeit verhelfen will. Tut sie das, so geht die Kritik in Skeptizismus über, der jeden Wahrheitsanspruch als bloße Verschleierung eines Machtanspruches verstehen will. Tut sie es aber nicht, so wird die Kritik dogmatisch, weil sie willkürlich irgendeine Gruppe und die von ihr vertretenen Ideen aus dem allgemeinen Ideologieverdacht ausspart und dadurch sich selber als Ideologie erweist (d. h. als Waffe im Streit der Gruppen um Selbstbehauptung und Selbstdurchsetzung in der Gesellschaft). In beiden Fällen aber hat die Kritik ihre Aufgabe verfehlt, welche darin bestünde, die Alternative von Dogmatismus und Skeptizismus zu überwinden.

Gerade in diesem Zusammenhang gewinnen die theologischen Aussagen über den Menschen als „Gottes Ebenbild" und über die Glaubensgemeinde als „Heilszeichen für die Welt" eine auch philosophisch verständliche Bedeutung. Denn diese Aussagen sind geeignet, zu klären, worauf die Doppelgefahr von ideologischem Dogmatismus und skeptischer Universalisierung des Ideologieverdachts beruht, und anzudeuten, auf welche Weise diese Gefahr überwunden werden kann.

Wenn es Auftrag des Menschen ist, „Gottes Ebenbild" in der Welt zu sein, d. h. Ort und Gestalt für Gottes richtende und gnädige Gegenwart in der Welt, dann steht der Mensch in der konstitutiven Zweideutigkeit eines solchen „Bildes". Diese Zweideutigkeit ist dem religiösen Bewußtsein als die Doppelgefahr von Idololatrie und Ikonoklasmus bekannt. Im einen Falle wird das Bild mit der Wirklichkeit dessen verwechselt, dessen Gegenwart es vermitteln soll, und beansprucht für sich selber göttliche Ehre. Wird der Mensch in solcher Weise aus dem Gottesbild zum Götzen, dann wirft er sich selber zum Richter der Welt auf, statt sich mit der Welt unter Gottes Gericht zu beugen. Im anderen Falle wird das Bild für einen Widergott gehalten, der zerstört werden muß; aber in der Zerstörung des Bildes wird zugleich dem göttlichen Wirken der Ort seiner Gegenwart in der Welt entzogen. Diesem Ikonoklasmus entspricht eine Kritik, die meint, dadurch radikal zu werden, daß diejenigen zum Verstummen gebracht werden, die die Gerichtsbotschaft ansagen. Die religiös verstandene Kategorie des Bildes vermag auf solche Weise jene Zweideutigkeit angemessen zu interpretieren, die sich daraus ergibt, daß der Mensch einerseits stets Objekt, nicht Subjekt der radikalen Kritik ist und daß er es doch andererseits nicht unterlassen darf, diese Kritik als sein eigenes Wort zu Gehör zu bringen und als sein eigenes Tun wirksam werden zu lassen.

Ist aber die Zweideutigkeit jeder radikalen Kritik auf solche Weise theologisch gedeutet, dann ist zugleich das oben geschilderte Dilemma grundsätzlich überwunden. Zwischen den beiden Möglichkeiten, Kritik durch Selbstgerechtigkeit effizient oder durch Verzicht auf Selbstdurchsetzung ineffizient zu machen, zeigt sich eine dritte – ebenso wie das religiöse Verständnis des Bildes über die Alternative von Idololatrie und Ikonoklasmus hinausweist.

Es ist eine wichtige Einsicht des religiösen Denkens, daß das Bild zuletzt vor der Wirklichkeit dessen vergehen muß, dessen Gegenwart es in die Welt hinein vermittelt; aber daraus folgt nicht, daß diese Ankunft des „Gottes selbst" durch die Zerschlagung seiner Bilder herbeigezwungen werden könnte. Und es ist eine ebenso wichtige Einsicht des religiösen Denkens, daß die wirksame Gegenwart der Gottheit durch ihre Selbstentäußerung ins Bild vermittelt werden muß; aber daraus folgt nicht, daß das Bild von der Vorläufigkeit alles Nicht-Göttlichen ausgenommen wäre.

Entsprechend läßt sich einsehen, daß jene Botschaft von Gottes Gericht und Gnade, die die Kritik an der gegebenen Welt radikal macht, auch den Verkündern dieser Botschaft gilt und sie zur Buße ruft; aber daraus folgt nicht, daß diese Botschaft „reiner" zu Gehör käme, wenn die Boten auf Selbstbehauptung im gesellschaftlichen Ringen verzichteten und dadurch sich selber zum Schweigen brächten. Und ebenso läßt sich einsehen, daß die weltverändernde Kraft dieser Gerichts- und Gnadenbotschaft durch Menschen und menschliche Gruppen vermittelt werden muß; aber daraus folgt nicht, daß diese Gruppen für sich die Absolutheit des Göttlichen beanspruchen könnten. Ihr Wort und Werk „ist" nicht die Wahrheit, die sie verkünden, und nicht die Neuschöpfung, die sie ansagen; aber das Urteil über die Welt und ihre Neuschaffung geschieht „in der Gestalt" ihres Sprechens und Tuns, das darum nicht weniger seinerseits dem Gericht unterliegt und der Gnade bedarf.

Die Frage nach der Möglichkeit, die Alternative von ideologischem Dogmatismus und ideologiekritischem Skeptizismus zu überwinden, eröffnet also zugleich den Ort für ein philosophisches Verstehen der religiösen Rede vom Menschen als „Gottes Ebenbild" und von der Gemeinde als „Heilszeichen für die Welt".

Mit einem Blick auf die Theologiegeschichte kann angemerkt werden, daß die christliche Apologetik auf diese Weise die drei klassischen Themen der „Fundamentaltheologie", die ihr gelegentlich verlorenzugehen scheinen, in neuer Weise wiedergewinnen könnte: die „Demonstratio religiosa", die dem philosophischen Bewußtsein deutlich machen soll, wovon die Rede ist, wenn die Religion von „Gott" spricht; die „Demonstratio christiana", die nun freilich nicht formal von der Schrift als norma normans fidei (und von ihrem positiven oder limitativen Verhältnis zur Tradition und zum kirchlichen Lehramt) zu handeln hätte, sondern inhaltlich von dem Proprium der christlichen Botschaft, vom Heil aus Gnade und Glaube; und die „Demonstratio catholica" als Anthropologie der „Gott-Ebenbildlichkeit" und als Ekklesiologie des „Heilszeichens für die Welt".

An den drei behandelten Beispielen ist deutlich geworden, daß eine christliche Apologetik der hier vorgeschlagenen Art nicht nur Momente einer philosophisch verständlichen Philosophiekritik in sich enthält, sondern zugleich Impulse einer positiven Herausforderung der Philosophie. Denn wenn auch die Inhalte der christlichen Verkündigung von Gott, vom Heil und von den Heilszeichen nicht in philosophische Theoreme übersetzbar sind, so ist doch dasjenige, wovon die Theologie in religiösen Zusammenhängen spricht, auch im Kontext philosophischen Verstehens begreiflich geworden: als Beschreibung eines Problems, das auch für die Philosophie unvermeidlich ist. Dieses Problem lautet: Wie ist jene Bedingung zu begreifen, durch die es möglich wird, jene Form der Subjektivität und des Bezuges zu möglichen Objekten zu verwandeln, die für die europäische Philosophie bestimmend ist und sowohl die Antinomien der praktischen Vernunft als auch den wechselseitigen Umschlag von Dogmatismus und Skeptizismus heraufgeführt hat?

Diese Ergebnisse rechtfertigen folgende abschließende These:

Vierte These: „Wiedergewonnene philosophische Relevanz"

Das Wechselverhältnis von philosophischer Religionskritik und theologischer Philosophiekritik ermöglicht einen Dialog, in welchem die Partner sich weder gegenseitig zum Schweigen bringen noch einander die je eigene Perspektive aufnötigen, sondern erneut auf ihre je besondere Aufgabe verwiesen werden.

Zu Beginn des zweiten Teils dieser Überlegungen wurde der Eindruck wiedergegeben, daß die christliche Apologetik im Verhältnis zur philosophischen Religionskritik die Dialogfähigkeit verloren habe. In ihrer traditionellen Gestalt hat sie das Hören verlernt, in ihrer modernen Gestalt außerdem noch das Reden. Die traditionelle Apologetik hört nicht, weil sie überzeugt ist, daß der „Gegner" nichts Begründetes zu sagen habe; sie geht deshalb sogleich daran, ihn zu „widerlegen". Die moderne Apologetik hört nicht, weil sie überzeugt ist, daß das eigene Bekenntnis durch die Argumente der philosophischen Religionskritik nicht betroffen werde; sie geht deshalb sogleich daran, die religionskritischen Argumente zur Polemik gegen andere Religionen oder gegen das, was sie als Mißverständnis des christlichen Glaubens beurteilt, „heranzuziehen". Und die moderne Apologetik hat der Philosophie nichts zu sagen, weil sie sogleich nachspricht, was diese ihr soeben vorgesprochen hat. Dabei liegt die Vermutung nahe, sie habe deshalb der Philosophie kein eigenes Wort zu sagen, weil sie zuvor das, was die Philosophie vorbrachte, nur polemisch auf „die anderen" bezog, aber nicht sich selbst gesagt sein ließ.

Nun ist es durchaus begreiflich, daß die alte wie die neue Apologetik sich weigert, auf die Argumente der philosophischen Religionskritik zu hören. Denn zunächst muß der Eindruck entstehen, diese Kritik habe der Theologie nichts zu sagen, weil es ihr nicht auf eine Anrede an die Theologie ankomme, sondern auf deren Beseitigung. Es scheint, diese Kritik wende sich nicht an die Theologen, sondern an die übrigen Menschen, um diesen zu sagen, daß die Theologie nichts zu sagen habe, sondern nur von ihren eigenen Fiktionen handle. Und wenn der Theologe versucht, diese kritischen Argumente nicht sogleich zu widerlegen oder auf andere Adressaten umzulenken, sondern als etwas zu hören, das gerade ihn betrifft, dann hat er, so scheint es, sich von der Gegenstandslosigkeit der Theologie überzeugen lassen und also aufgehört, Theologe zu sein.

Doch hat der soeben durchlaufene Gedankengang gezeigt, daß dieser Eindruck irreführend ist. Die beschriebenen Argumente der philosophischen Religionskritik lassen sich in solcher Weise in das theologische Selbstverständnis des christlichen Glaubens hinein aneignen, daß daraus keineswegs die Notwendigkeit entspringt, die angegriffenen Inhalte des Glaubensbekenntnisses preiszugeben. Vielmehr ergibt sich gerade aus solcher Aneignung die Möglichkeit eines kritischen Selbstverständnisses der Theologie, welches ihr gestattet, gewisse Verkündigungsinhalte (wie das Bekenntnis zu Gottes unverfügbarer Gnadenwahl, zum Heil aus Gnade und Glaube, zur Rechtfertigung und Berufung von Sündern) theologisch angemessen auszulegen und die Relevanz dieser Verkündigungsinhalte philosophisch verständlich zu machen.

An der nun erreichten Stelle des Gedankengangs könnte freilich ein Eindruck entstehen, der dem ersten geradewegs entgegengesetzt ist. Eine Theologie, die auf die angedeutete Weise das Hören (auf die philosophische Religionskritik) und das Sprechen (als eigenständigen Beitrag zur philosophischen Diskussion) wieder gelernt hat, wird ihrerseits, so hat sich gezeigt, radikal philosophiekritisch werden. Und es könnte scheinen, als bliebe nun der Philosophie nur die Wahl, die theologische Kritik entweder zu „widerlegen“ (als in sich falsch zu entlarven) oder „als fehladressiert zurückzuweisen" (zu bestreiten, daß sie auf die Philosophie, wie diese sich selbst versteht, angewandt werden könne). In beiden Fällen hätte die Philosophie aufgehört, auf die theologische Kritik zu hören – und wie es scheint, hören die meisten Philosophen von heute tatsächlich nicht auf theologische Argumentationen, weil sie von vorneherein überzeugt sind, daß sie dort nichts zu hören bekommen, was für ihr eigenes Bemühen von Belang sein könnte.

Dem Versuch, sich durch die theologische Kritik als nichtbetroffen zu erklären, steht jedoch die Tatsache im Wege, daß diese Kritik auf Probleme hinweist, deren Dringlichkeit auch die Philosophie nicht bestreiten kann: die Frage, ob der Vorrang der Subjektsreflexion vor jedem Objektbezug Erfahrung möglich mache oder die Vernunft in sich selbst verstricke und dadurch zur Erfahrung unfähig werden lasse; die Frage, ob die spezielle Form des (neuzeitlich-)europäischen Bewußtseins die Selbstentfremdung der praktischen Vernunft überwindbar mache oder gerade unüberwindlich werden lasse; schließlich die Frage, ob die Alternative von Dogmatismus und Skeptizismus endgültig unausweichlich geworden sei, seit sie die Gestalt des Gegensatzes von (dogmatischer) Ideologie und (skeptischer) Universalisierung des Ideologieverdachts angenommen hat.

Dem Bestreben andererseits, die theologische Philosophiekritik allzu einfach zu „widerlegen", stellt sich die Erfahrung in den Weg, daß die genannten Probleme innerhalb der Philosophie selbst unverkennbarerweise aporetischen Charakter angenommen haben. Die Philosophie weiß also sehr wohl, wovon die theologische Philosophiekritik spricht, wenn sie der Philosophie vorhält, daß auf ihrem Boden gewisse unabweisliche Probleme sich zugleich als (bisher?) unlösbar erwiesen haben; und die Philosophie kann es wenigstens nicht a limine für sinnlos halten, wenn ihr gesagt wird, es sei die durch sie erzeugte oder doch wenigstens stabilisierte Bewußtseinsstruktur, welche die Lösung dieser Probleme verhindere.

So hat die Philosophie keinen legitimen Grund, der theologischen Kritik das Gehör zu verweigern. Es bleibt lediglich zu prüfen, ob das, was die theologische Kritik zu den genannten Themen zu sagen hat, auf eine förderliche Weise in die innerphilosophische Diskussion hinein angeeignet werden kann.

1. Die Vorherrschaft der Reflexion und das Problem der Erfahrung

Den Vorrang der Subjekts-Reflexion vor jedem möglichen Objektbezug, von dem mehrfach die Rede war, mag man je nach Betrachtungsart verschieden beurteilen: als Zeugnis der Selbstgesetzgebung (Autonomie) der Vernunft oder als Ausdruck ihrer Selbstverstrickung. Unberührt von dieser Bewertungsdifferenz bleibt die Tatsachenfeststellung, daß ein Bewußtsein dieser Art a priori nur ein bestimmtes Verhältnis zu möglichen Gegenständen zuläßt. Gegenstand dieses Bewußtseins kann nur sein, was dem Subjekt theoretisch oder praktisch „zu sich selbst" verhilft und sich dadurch als ein „Moment" (= ein vorantreibendes Glied) in den Prozeß einfügt, dem dieses Subjekt kraft seiner Struktur die Gesamtrichtung vorschreibt.

a) Die drohende Erfahrungs-Unfähigkeit der Vernunft

Die kantische, die idealistische und die materialistische Dialektik beschreiben je auf ihre Weise den Realitätsbezug dieses Bewußtseins durchaus angemessen. „Erfahrung" ist für dieses Bewußtsein jeweils die Verwandlung eines neuen Inhaltes in ein Moment innerhalb des Gesamtprozesses, dessen Gesetzmäßigkeit dabei unverändert bleibt. Vor der prinzipiellen Überraschung durch das, was sich nicht durch das Subjekt die Gesetze seines Erscheinens vorschreiben läßt, und vor der prinzipiellen Erschütterung durch eine Wirklichkeit, die die Struktur des subjektiven Auffassens (der „Apperzeption") aufsprengt und verändert, ist dieses Bewußtsein a priori geschützt.

Es ist wenigstens eine offene Frage, ob es für diese (und ähnliche) Philosophien spricht, daß sie diese Art von Subjektivität völlig angemessen beschreiben. Es könnte auch gegen sie sprechen, daß ihnen dieses gegen alle Verwandlung immun gewordene und insofern geschichtsunfähige Bewußtsein als das allein erkenntnisfähige, als das „Bewußtsein überhaupt", erscheint. Denn es könnte sein, daß dieses Bewußtsein nur deshalb geschichtsunfähig geworden ist, weil es jede Begegnung mit der Wirklichkeit unter zwei Bedingungen stellt: das Wirkliche darf sich nicht als das Unvorhersehbar-Kontingente zeigen, das sich keinem vorgegebenen Gesetz unterwirft, und es darf nicht als das Eigenständig-Fremdartige begegnen, das dem Versuch widersteht, als Moment in den Prozeß des zu sich kommenden Subjekts der Theorie oder der Praxis eingegliedert zu werden.

b) Das Programm: Eine Logik der Erfahrung und ihr sokratisches Vorbild

Aufgrund des Gesagten entsteht die Frage, ob die traditionelle (kantische, idealistische und materialistische) Theorie der Erfahrung nicht vielmehr jenes Bewußtsein beschreibe, das die Fähigkeit zur Erfahrung verloren hat. Diese Frage bezeichnet zugleich das Programm einer erneuten Diskussion der *Logik der Erfahrung,* d.h. einer Analyse derjenigen Gesetze des theoretischen und praktischen Begreifens, Urteilens und Schließens, durch deren Erfüllung Erfahrung möglich wird.

Die theologische Kritik verweist auf solche Art die Philosophie auf eine genuin philosophische Aufgabe zurück. Ihr selber freilich erscheint es „als Vorrecht Gottes, dasjenige neu zu schaffen, was für den Menschen das ‚Apriori', die aller seiner Leistung je schon vorausliegende Bedingung aller Theorie und Praxis, gewesen ist" (vgl. oben S. 47 und 68/69). Das impliziert den Anspruch der Religion, sie allein mache, aufgrund ihrer Bezogenheit auf Gottes je neue Offenbarung, eine gemeinsame Erneuerung des Bewußtseins und der Weltwirklichkeit möglich, sie allein vermittle daher die wahrhaft strukturverändernden Erfahrungen. Es wird Aufgabe einer Logik der Erfahrung sein, zu prüfen, ob, in welchem Sinne und vor allem mit welchem Recht aus den Argumenten der theologischen Philosophiekritik ein solcher Anspruch abgeleitet werden könne.

Der Philosoph wird geneigt sein, diesen Anspruch der Religion zurückzuweisen. Aber um seinen Einspruch zu legitimieren, müßte er wenigstens andeuten, auf welche Weise die Philosophie leisten könne, was die Religion in vielen Fällen unzweifelhaft geleistet hat: das Bewußtsein so zu „bilden", daß es in der Begegnung mit dem, was sich als wirklich zeigt, die Unangemessenheit der eigenen apriorischen Verstehensfunktionen entdeckt und dadurch aufnahmefähig wird für die verwandelnde Erfahrung.

Sucht man nach Beispielen dafür, daß auch der Philosoph zu dieser Leistung fähig sei, so wird man auf die sokratischen Ursprünge dessen zurückverwiesen, was seitdem „Philosophia" heißt. Im Gegensatz zur „Weisheit", die in unbelehrbarem Schon-Wissen aller Erfahrung zuvorkommt, und zur „Torheit", die in lernunfähigem Nichts-Bemerken alle Erfahrung versäumt, bleibt die „Liebe zur Weisheit" durch das „Wissen vom Nichtwissen" geöffnet für die Differenz zwischen dem, was sich von der Sache her zeigt, und dem, was das Bewußtsein kraft seiner jeweils gegenwärtigen Struktur zu fassen vermag. Im Erfassen dieser Differenz macht der „Liebhaber der Weisheit" die Erfahrung der Aporie und gewinnt so die Einsicht, daß die Sache, die sich ihm zeigt und doch zugleich seinem Zugriff noch entzieht, größer ist als sein Wissen von ihr. Nur kraft dieser Einsicht ist der Philosoph (im Gegensatz zum Weisen und zum Toren) derjenige, der zu fragen versteht und den das, was er sieht, weiterverweist („erinnert") auf das hin, was er sucht. Dieser Verweisung folgend, geht er jenen „Weg", den Platon im Gleichnis von der „Höhle" beschreibt und zugleich als „Umwendung der ganzen Seele" (als Verwandlung des Gesamtbewußtseins) bezeichnet.

Nicht nur die Religion, auch und gerade die sokratische Philosophie, so scheint das Beispiel zu lehren, ist fähig, das Bewußtsein für die „je größere Wahrheit" zu öffnen und dadurch zur strukturverändernden Erfahrung zu befähigen. Doch ist es gewiß kein Zufall, daß der platonische Sokrates selber jene wissende Unwissenheit, durch die sich der Philosoph vom Weisen wie vom Toren unterscheidet, als Antwort auf einen Zuruf der Gottheit begreift: auf jenes „Erkenne dich selbst", das er ausdrücklich und in bewußtem Gegensatz zu anderen Interpretationen, die er anführt, als Anrede der Gottheit verstanden wissen will. Die Inschrift am Tempel von Delphi sei keine kluge Lebensregel, sondern die Anrede des Gottes an die Eintretenden. Der Zusammenhang läßt sich einsehen. Denn der Gott des Orakels ist den Fragenden zugewandt. Er spricht nicht zu solchen, die in vermeintlicher Weisheit alles schon wissen, und nicht zu solchen, die aus Torheit nicht wissen, was sie suchen sollen, sondern zu denen, die im Wissen von ihrer Unwissenheit zum Fragen fähig sind.

Soeben noch erschien die sokratische Philosophie als das geeignete Gegenbeispiel, um zu beweisen, daß nicht nur die Religion, sondern auch die Philosophie das Bewußtsein zur strukturverändernden Erfahrung befähige. Nun aber zeigt sich: Gerade diese Philosophie hat sich in der Aneignung einer religiösen Kritik am menschlichen Erkenntnisvermögen gebildet. Denn der Zuruf des Gottes mahnt den Menschen an seine Menschennatur im Angesicht der Gottheit. Diese religiöse Vernunftkritik wurde von Sokrates auf solche Weise verstanden, daß daraus ein entscheidender Impuls für die philosophische „wissende Unwissenheit" werden konnte.

Das Prinzip, das diese Aneignung vermittelte, läßt sich benennen. Es ist die aus der Erfahrungswelt der Religion bekannte Identität von Erscheinung und Verhüllung des Gottes. Der erscheinende Gott, der in seinem Erscheinen zugleich seine wesentliche Vorbehaltenheit wahrt und der deshalb in der Form des hinweisenden und zugleich verhüllenden Zeichens gegenwärtig wird, bringt das menschliche Fragen nicht durch abschließende Antworten an sein Ziel; wohl aber bringt er dieses Fragen auf einen Weg, indem er den Prozeß fortschreitender Auslegung initiiert („Der Herr, dem das Orakel in Delphi gehört, legt nicht offen dar und hält nicht künstlich geheim, sondern gibt Zeichen", Heraklit B 93). Wer deshalb die Antwort des Gottes empfängt, hört nicht auf, der Unwissende zu sein (daher rührt die vielberufene „Zweideutigkeit" der Orakel); aber er hört auf, der Ratlose zu sein, weil er sich der ins Zeichen gehüllten Wahrheit anvertraut und so Stufe für Stufe in sie eindringen kann.

Dasjenige an Gottes Wort und Erscheinung, was der Mensch im ersten Hören und Sehen zu verstehen bekommt, muß beständig kritisiert, ja „widerlegt" werden, wenn das Vertrauen zu der im Zeichen verhüllt gegenwärtigen Wahrheit sich als „Dienst an der Gottheit" bewähren soll. In diesem Sinne hat der Sokrates der Apologie die „Widerlegung des Orakels" (Apologie 21c) als seinen lebenslangen, aus dem Zutrauen in die göttliche Wahrheit resultierenden „Gottesdienst" (Apologie 23c) verstanden. Gerade dadurch aber ist ihm das religiöse Verhältnis zur „je größeren Wahrheit" (d.h. zu derjenigen Wahrheit, die stets größer ist als die Weise, wie der Mensch sie verstanden hat) zum Prinzip seines philosophischen Lebens und Denkens geworden.

c) Das Verhältnis theologischer und philosophischer Lösungsversuche

Wenn es zu den Aufgaben einer „Logik der Erfahrung" gehört, den oben genannten Anspruch der Religion (sie allein mache strukturverändernde Erfahrung möglich) kritisch zu prüfen, so wird dazu auch die Frage gehören: War die Philosophie nur zur Zeit des Sokrates darauf angewiesen, die religiöse Vernunftkritik in ihr philosophisches Selbstverständnis anzueignen, oder besteht hier ein konstitutiver Sachzusammenhang? Oben wurde das Problem einer Logik der Erfahrung nicht im Hinblick auf die Antike, sondern im Hinblick auf die gegenwärtige philosophische Diskussionslage aufgeworfen. Anlaß dazu war diejenige Kritik der Gegenwartsphilosophie, die aus einer erneuerten christlichen Apologetik entspringen würde. Das scheint dafür zu sprechen, daß auch in der Gegenwart die religiöse Anrede an den Menschen der Ermöglichung eines philosophischen Bewußtseins von der „größeren Wahrheit" dienen kann. Zwischen der religiösen Vernunftkritik und dem kritischen Selbstverständnis der Philosophie scheint also ein Sachzusammenhang zu bestehen, der nicht auf den besonderen Bedingungen der sokratisch-platonischen Zeit beruht. Jene Gewißheit, die sich nicht aus dem Wissen ergibt, sondern ein Fragen leitet, scheint ursprünglich in der Religion beheimatet zu sein. Dort erzeugt diese Gewißheit zugleich die Einsicht, daß eine „Umwendung der ganzen Seele" notwendig sei, wenn der Mensch nicht beständig nur sich selbst bespiegeln, sondern die „je größere Wahrheit" erfassen will. Von dort her scheint deshalb auch die Philosophie immer dann die fruchtbaren Impulse für ihre eigene kritische Reflexion zu empfangen, wenn sie auf ihre Art die Notwendigkeit einer „Umkehr" erkennt und nach der Möglichkeit sucht, durch die je größere Wahrheit aus der bloßen Selbstreflexion der theoretischen und praktischen Subjektivität befreit zu werden.

Zusammenfassend läßt sich sagen: Die Philosophie wird in der Auseinandersetzung mit einer erneuerten christlichen Apologetik vor die Aufgabe gestellt, in einer „Logik der Erfahrung" diejenigen Formgesetze des Denkens zu entdecken, die eine strukturverwandelnde Begegnung von Bewußtsein und Wirklichkeit möglich machen. Dabei entsteht die Frage, ob die christliche Apologetik nur durch ihre philosophiekritischen Implikate diese *Aufgabe* in Erinnerung ruft oder ob sie darüber hinaus Momente enthält, die die Philosophie sich bei der *Lösung* dieses Problems aneignen kann. Dazu kann gesagt werden: Bedingung für die Erfahrungsfähigkeit der Vernunft, die sich für die je größere Wahrheit offenhält, ist die sokratische wissende Unwissenheit. Diese ihrerseits findet ihr Modell an jeder selbstkritischen Selbsterkenntnis, zu der der Mensch durch den Zuruf des Gottes aufgefordert und zugleich befähigt wird. Denn Erscheinung und Wort des Gottes erweisen sich als das Zugleich von Offenbarung und Verhüllung im auslegungsbedürftigen Zeichen. Dieses hält in seiner je vorläufigen Gestalt der je größeren Wahrheit eine Stelle ihres immer neuen Aufleuchtens offen und läßt den Menschen erkennen, daß er „seine ganze Seele umwenden lassen“ muß, um in jene Wahrheit eingeführt zu werden, die ihm im Zeichen zwar verhüllt, aber Gewißheit stiftend vor Augen steht. Diese nichtwissende Gewißheit und die philosophische wissende Unwissenheit stehen nach Form und Funktion untereinander in engster Verwandtschaft: ihrer Form nach, weil beide sich zur Wahrheit in der Weise liebenden Strebens verhalten, nicht in der Weise verfügenden Besitzes; ihrer Funktion nach, weil beide Zutrauen stiften (also vor Skeptizismus bewahren) und zum Fragen fähig machen (also den Dogmatismus vermeintlicher Weisheit überwinden).

Insoweit sind es Momente des allgemein religiösen, nicht des speziell christlichen Bewußtseins, die sich dazu eignen, in die philosophische Reflexion angeeignet zu werden, um eine Logik der Erfahrung zu initiieren. Ob auch von spezifisch christlichen Verkündigungsinhalten Impulse ausgehen können, die die Philosophie sich zur Lösung ihrer Aufgaben aneignen kann, wird dort zu untersuchen sein, wo auch die Philosophiekritik auf spezifisch christlichen Argumenten beruht. Dies ist dort der Fall, wo die Botschaft vom „Heil allein aus Gnade“ einem Denken gegenübertritt, das durch das Kategoriengefüge von Produktion, Material und Produkt beherrscht wird und gerade dadurch, wie sich zeigte, in eine unüberwindliche Welt- und Selbstentfremdung gerät.

2. *Das Autonomiepostulat und das Problem der entfremdeten Vernunft*

Jenes apriorische Gesetz, nach welchem nur dasjenige zum Gegenstand für das Bewußtsein werden kann, was als Moment in den Prozeß seiner theoretischen und praktischen Selbstverwirklichung eingeht, hat für das (neuzeitlich-)europäische Denken nicht nur faktische Geltung; es ist zugleich sein Ideal. Die Herrschaft dieses apriorischen Gesetzes, die, unter dem Gesichtspunkt der theologischen Vernunftskritik betrachtet, Unfähigkeit zur Erfahrung erzeugt, gilt diesem Denken selber als Ausdruck seiner Autonomie: Nicht fremde Wirklichkeit bestimmt oder verändert die Struktur des Bewußtseins, sondern das Bewußtsein gibt der Gegenstandswelt die Gesetze.

Dieser Gesetzgebung scheint jedoch die Eigenständigkeit des Wirklichen zu widersprechen, das uns als selbständiges Seiendes (als Substanz) begegnen muß, ehe es zum Objekt unseres Erkennens und Handelns werden kann. Darum ist das Ideal der Autonomie nur erreichbar, wenn dem Subjekt nicht mehr selbständige Substanzen begegnen, sondern ausschließlich Materialien und Produkte seiner eigenen Tätigkeit. So erfüllt sich das Autonomiepostulat nur in einem Weltverhältnis, in welchem das Subjekt alles Gegebene in Mittel für seine produktive Tätigkeit verwandelt oder als Produkt schon vorausliegender Tätigkeit (in Theorie und Praxis) wiedererkennt. (Insofern ist die marxistische Dialektik, trotz ihrer Polemik gegen den „Subjektivismus", nur die konsequente Vollendung der europäischen Subjektivitätsphilosophie.)

a) Die drohende Entfremdung der praktischen Vernunft

Für das so verstandene Bewußtsein kommt nicht nur alles „Heil", sondern überhaupt alle Wirklichkeit „allein aus den Werken". Das gilt auch und besonders für jene „Gerechtigkeit", die dieses Bewußtsein in den Weltverhältnissen sucht und vermißt. Dabei ist die vorfindliche „Ungerechtigkeit" der Welt nicht die Summe normwidriger Einzelhandlungen, sondern ein Gefüge von Bedingungen, die dahin zusammenwirken, daß jeder Handelnde, um seine Absicht zu verwirklichen, Mittel wählen muß, die dieser Absicht widersprechen. (So erscheint es z. B. unvermeidlich, zur Sicherung des Friedens Kriege zu führen oder zur Durchsetzung der allgemeinen Freiheit Diktaturen zu errichten.) Die so geartete Welt ist nicht das angemessene Betätigungsfeld des Willens, und die Vernunft, die sich in diesem Willen betätigen möchte, erfährt sich dieser Welt gegenüber im Zustand völliger Entfremdung.

Das führt dazu, daß der Gebrauch der Mittel zunächst das objektive Ergebnis der eigenen Absicht verfälscht und schließlich sogar die subjektive Absicht korrumpiert (so daß zuletzt die Rede von der Friedenssicherung nur zum Vorwand für kriegerische Gewalt, die Rede vom Freiheitskampf nur zum Deckmantel für totalitäre Unterdrückung wird). Im Ergebnis wird das bewirkt, was überwunden werden sollte. „Ich bringe nicht das zustande, was ich will, sondern bewirke, was ich hasse" (Röm 7, 15). Wenn aber der Mensch in den Ergebnissen seines Wirkens die eigenen Absichten nicht wiedererkennt, so erfährt er sich nicht nur gegenüber der Welt, sondern auch sich selbst gegenüber als entfremdet. „Wenn ich aber bewirke, was ich nicht will, dann bin nicht mehr ich es, der da wirkt" (Röm. 7, 20).

Wenn aber die Weltverhältnisse so sind, daß sie die Handlungsergebnisse verfälschen und schließlich sogar die Handlungsabsichten verderben, dann ist es in „dieser" Welt auch dem besten Willen nicht möglich, das Gute zu tun. Die „Ungerechtigkeit" ist dann nicht das Ergebnis individueller Bosheit, sondern die Folge der gesamten Weltverhältnisse. Der gute Wille fordert als seine Voraussetzung eine bessere Welt. Das Autonomiepostulat aber verlangt, daß diese bessere Welt von uns selbst produziert werde. Auch die „Gerechtigkeit" (als objektive Weltordnung, die alle subjektive Moralität erst wirksam macht und darum auf die Dauer sogar die Bedingung ihrer subjektiven Möglichkeit ist) wird von den „Werken" erwartet.

Eben dies ist die Stelle im Problemzusammenhang, an welcher die christliche Verkündigung dem philosophischen Gedankengang begegnet. Diese Verkündigung stimmt einerseits der menschlichen Erfahrung zu, daß zuerst ein objektives Heil nötig wäre, um sodann subjektiv gute Gesinnungen und Handlungen möglich zu machen; andererseits widerspricht sie allem menschlichen Willen zur „Werkgerechtigkeit", indem sie ein Heil ansagt, das allein aus Gnade stammt und allein im vertrauenden Glauben als Geschenk empfangen werden kann „abseits von den Werken".

Die Kompromißlosigkeit dieses Widerspruchs aber erweckt den Anschein, hier enthalte die christliche Botschaft keinen möglichen Impuls, der in das Selbstverständnis der Philosophie angeeignet werden könne; hier gebe es nur den Widerspruch gegen den Hochmut der Vernunft, der zum Schweigen gebracht werden muß, um das Hören der Botschaft zu ermöglichen. Es ist kein Zufall, daß Luther für seine Polemik gegen die Vernunft immer dort die schärfsten Formeln prägt, wo es ihm darum geht, die Botschaft vom Heil allein aus Gnade vor aller Verkürzung und Entschärfung zu bewahren.

Nun läßt sich zwar, wie schon an früherer Stelle ausgeführt, die Absurdität der Versuche einsehen, die erstrebte Gerechtigkeit durch Werke zu bewirken. Denn das „Hungern und Dürsten nach der Gerechtigkeit" ist nur deshalb nötig, weil der faktische Weltzustand die Effizienz aller guten Absichten verhindert; gerade dann aber ist es auch unmöglich, den besseren Weltzustand als Effekt einer noch so guten Absicht zu erzeugen; jeder Versuch dieser Art muß die alte Ungerechtigkeit nur auf neue Weise reproduzieren. (Die soeben erwähnten Kriege im Namen des Friedens und Diktaturen im Namen der Freiheit zeigen das deutlich genug.) Die besondere Frage aber, die an dieser Stelle erörtert werden soll, betrifft nicht die (unbestreitbare) philosophiekritische Relevanz, sondern den (mindestens zunächst nicht sichtbaren) philosophiefördernden Impuls, der in der christlichen Botschaft vom Heil allein aus Gnade enthalten sein könnte.

b) Das Modell: Eine „Sokratik der praktischen Philosophie"

Klar geworden ist immerhin die Aufgabe, die der Philosophie in dieser Hinsicht gestellt ist. Man könnte sie als *„Sokratik der praktischen Philosophie"* bezeichnen, um anzudeuten: Was geleistet werden muß, ist das praktisch-philosophische Analogon zu dem, was Sokrates auf dem Felde der theoretischen Philosophie grundsätzlich geleistet hat und was Platon im Blick auf Sokrates zum Grundzug jener „Philosophia“ gemacht hat, die sich gegen Weisheit und Torheit gleich deutlich abgrenzt.

In theoretischer Hinsicht ist die sokratische Philosophie die „Weisheit der Unwissenden“. In ihrer platonischen Auslegung beschränkt sie sich nicht darauf, dem intakten Erkenntnisvermögen Regeln für den Erwerb neuer Erkenntnisinhalte an die Hand zu geben. Ihr primärer Befund besagt vielmehr, das „Auge der Seele“ sei „in barbarischem Schlamm verklebt“ (Politeia 533d), und ein vom Subjekt und allen Objekten verschiedenes Prinzip, genannt „das Gute“, müsse dem Denken nicht nur die je aktuellen Inhalte, sondern auch seine „Kraft“ erst „zuteilen“ (Politeia 508a), damit es durch eine „Umwendung der ganzen Seele“ auf den Weg „vom nachtartigen zum wahren Tage“ (Politeia 521c) gelange.

Eine entsprechende „Sokratik der praktischen Philosophie“ müßte die „Gerechtigkeit der Ungerechten“ zu ihrem Thema haben. Sie dürfte sich nicht darauf beschränken, einem intakten Handlungsvermögen Regeln für die Verwirklichung neuer Handlungsinhalte an die Hand zu geben. Auch auf praktischem Felde würde der primäre Befund der Sokratik vielmehr besagen, die „Hand der Seele“, der Wille, sei in eine Fessel geschlagen (so daß das Bewirken nicht dem Wollen entspricht) und ein vom Wirken und seinem Werk verschiedenes Prinzip, das ebenfalls „das Gute“ genannt zu werden verdient, müsse dem Wollen nicht nur die je aktuellen Aufgaben, sondern die „Kraft“ rechten Handelns erst „zuteilen“. Und auch hier wird, so läßt sich vermuten, eine „Umwendung der ganzen Seele“ nötig sein, damit der Wille auf den Weg „von der ungerechten zur wahren Gerechtigkeit“ gelange.

In theoretischer Hinsicht zieht die sokratische Philosophie aus ihrem Primärbefund (daß es dem Denken nicht nur an inhaltlichen Kenntnissen mangelt, sondern weit mehr noch an der eigenen Erkenntniskraft) nicht die Folgerung, der Mensch habe untätig auf das Wunder der Erleuchtung zu warten. Es gibt vielmehr eine dem Zustand der Unwissenden zugeordnete Art der Weisheit. Ihre erste Leistung besteht darin, daß der Mensch sich durch das, was ihm vor Augen liegt, der eigenen Unfähigkeit angemessenen Begreifens überführen läßt, weil das Denken sich in Widersprüche verwickelt, wenn es zu sagen versucht, was ist. (So bringt Sokrates die Athener angesichts der alltäglich-vertrauten Dinge, über die er mit ihnen auf dem Markte spricht, in die Aporie. Platon aber führt die entstehenden Widersprüche auf die Unreinheit der Phänomene selbst zurück, von denen „weder gesagt werden kann, daß sie sind noch daß sie nicht sind, noch beides, noch keins von beiden" [Politeia 479c].)

Diese Aporie-Erfahrung aber enthält mehr als das bloße Mißlingen des Erkenntnisversuches. Denn sie stiftet ein Bewußtsein von der Differenz zwischen der Wahrheit (die ich gerade nicht kenne) und dem Wissen, zwischen der Erscheinung, die vor Augen liegt, und der Sache selbst. Das Bewußtsein von dieser Differenz aber enthält schon eine Art des Wissens von der Wahrheit (gerade genug, um die Wahrheit als Maßstab zu benutzen, an dem das Wissen als unzureichend beurteilt wird) und eine Art der Erscheinung des Seins (gerade ausreichend, um die Erscheinung als ‚bloße Erscheinung' von der Sache selbst zu unterscheiden). Im Wissen vom Nichtwissen und im Durchschauen der bloßen Erscheinung ist das Ungewußte und sich in der Erscheinung Verbergende schon wirksam am Werke. (Im übrigen mag man diese Wirksamkeit platonisch als das Wiedererwecken vergessener Gedächtnisresiduen verstehen oder hegelisch als vorantreibende Dynamik der Negation.) Das zeigt sich darin, daß die „Umwendung der Seele" sich schon ereignet hat. Denn das Erkenntnisstreben sucht nun die Wahrheit nicht mehr in dem, was der Mensch zu wissen meint oder künftig angemessen zu wissen hofft, sondern in dem, was als Ungewußtes und wesentlich Unausdenkbares sein Fragen veranlaßt; ebenso wird die Wirklichkeit nicht mehr in dem gesucht, was als Erscheinung vor Augen liegt, sondern in dem, was sich, von aller Erscheinung verschieden, in ihr gerade verbirgt.

Soll die theoretische Philosophie, wie sie sich in der platonischen Auslegung der sokratischen Aporetik entwickelt hat, ihr

Analogon in einer „Sokratik der praktischen Philosophie" finden, so wird diese ihr in allen genannten Punkten entsprechen müssen. Aus dem Primärbefund, daß es dem Willen nicht nur an inhaltlich richtigen Absichten mangelt, sondern vor allem an der eigenen Tatkraft, darf nicht gefolgert werden, der Mensch habe untätig auf das Wunder zu warten, in welchem ihm ein neues Herz geschaffen werde. Zu suchen ist vielmehr, in Entsprechung zur Weisheit der Unwissenden, eine dem Zustand der Ungerechten (theologisch gesprochen: der Sünder) zugeordnete Art der Gerechtigkeit. Ihre erste Leistung würde darin bestehen, daß der Mensch sich im Angesicht unstrittiger praktischer Aufgaben der eigenen Unfähigkeit überführen läßt, angemessene Aktionsprogramme zu entwerfen, weil das Wollen sich bei dem Versuch, die Aufgabe zu lösen, in den oben geschilderten Widerspruch zwischen Zwecken und Mitteln verstrickt.

Diese praktische Aporie-Erfahrung aber enthält mehr als das bloße Mißlingen des Versuches, realisierbare Handlungsprogramme zu entwerfen. Denn sie macht die Entscheidung unausweichlich zwischen dem, was „an sich" gewollt, aber nicht „durch uns" bewirkt werden kann, und dem, was wir zum Ziel unserer Handlungen setzen können, was aber das „an sich" Gewollte notwendig verfehlt oder gar verdirbt. (Diese praktisch-philosophische Unterscheidung zwischen „an sich" und „durch uns" ist das Analogon zur theoretisch-philosophischen Unterscheidung zwischen „an sich" und „für uns".) Wenn der Mensch jedoch will, nicht nur wünscht oder ersehnt, *daß* dasjenige geschehe, was *nicht dadurch* geschehen kann, *daß* er es will, so hat er die „Umwendung der ganzen Seele" auf praktischem Gebiete schon vollzogen. Sein Wollen und Wirken gilt dann nicht mehr dem Produzieren eines Produktes, sondern dem Dienst an einer Hoffnung. Diese Hoffnung nimmt zwar die menschliche Praxis in einen verpflichtenden Dienst (so daß der wirkkräftige Wille, nicht der untätige Wunsch gefordert wird); aber sie erfüllt sich nicht durch das, was diese Praxis leistet, sondern durch das, was dem Hoffenden geschenkt wird.

c) Das Programm: Eine Ethik der Hoffnung und ihr kantisches Vorbild

Angesichts der drohenden Welt- und Selbstentfremdung des praktischen Subjekts entsteht so die Frage, ob die traditionelle Theorie der Praxis (mag sie im übrigen als aristotelische Ethik, als Sittenlehre im Sinne Fichtes oder als sozialistische Moral konzipiert werden) nicht eine bloße Spiegelung jener Subjektivitätsform darstelle, die aufgrund des Autonomiepostulates unausweichlich in die Antinomie von Wollen und Bewirken geraten ist. Diese Frage bezeichnet zugleich das kontrastierende Programm einer *Ethik der Hoffnung*, d.h. einer Analyse derjenigen Gesetze des Wollens, durch deren Erfüllung einem Ziel gedient wird, das nicht als Erfolg eigener Leistung erreicht werden kann.

Die theologische Kritik an der Werkgerechtigkeit erinnert auf solche Weise die Philosophie an die Aufgabe, die Antinomien der praktischen Vernunft durch eine Ethik der Hoffnung aufzulösen. Der Theologie selber freilich erscheint jede Hoffnung (und darum auch jede Ethik der Hoffnung) als illusionär, die sich nicht auf den Glauben gründet. Denn ihr gilt es als das Proprium der christlichen Verkündigung, daß sie jene „fremde Gerechtigkeit" verspricht, die allein „über die Alternative von Leistungsstolz und Mißerfolgserfahrung hinausführen" kann (vgl. oben S. 57 u. 71). Das impliziert den Anspruch des Christentums, seine Botschaft allein mache durch die Verheißung der Gnade den „alten Menschen" fähig zu einem Dienst an der „neuen Welt". Es wird Aufgabe einer Ethik der Hoffnung sein zu prüfen, ob, in welchem Sinne und vor allem mit welchem Recht aus den Argumenten der theologischen Kritik an der praktischen Vernunft ein solcher Anspruch abgeleitet werden kann.

Der Philosoph wird geneigt sein, diesen Anspruch des Christentums zurückzuweisen. Aber um diesen Einspruch zu legitimieren, müßte er wenigstens andeuten können, auf welche Weise die Philosophie leisten könne, was das Christentum unzweifelhaft häufig geleistet hat: den Willen aus der Doppelgefahr von Anmaßung und Verzweiflung zu befreien (nicht zufällig finden sich diese beiden Fehlhaltungen in dem traditionellen Katalog der sieben unverzeihlichen Sünden) und das menschliche Handeln zu tätiger Hoffnung fähig zu machen.

Sucht man nach Beispielen dafür, daß auch die Philosophie zu dieser Leistung fähig sei, so wird man auf die praktische Philosophie von Immanuel Kant verwiesen, in deren Argumentationsgang die ethische Frage „Was soll ich tun?" unlösbar mit der religionsphilosophischen Frage zusammenhängt: „Was darf ich hoffen?" Denn sowohl die moralische Weltordnung (der durch das Sittengesetz aufgegebene Zweck) als auch die vollendete Sittlichkeit des Subjekts (die durch das Sittengesetz geforderte Qualität des Willens) sind Gegenstände einer Hoffnung, die sich nicht auf die moralische Leistung des Individuums stützt, sondern umgekehrt sittliches Handeln erst möglich macht: Das Sittengesetz selbst wäre widersprüchlich ohne die Hoffnung auf Gottes moralisches Weltregiment (Auflösung der „Antinomie" in der „Kritik der praktischen Vernunft" A 205 ff.) und auf die gottgewirkte Tilgung der menschlichen Schuld (Auflösung der dritten „Schwierigkeit" in der Schrift „Die Religion innerhalb der Grenzen der bloßen Vernunft" A 87 ff.). Eben dieser Zusammenhang aber gestattet dem, der zur Erfüllung des Sittengesetzes bereit ist, die Einlösung seiner Hoffnung zu fordern (zu „postulieren"), ohne die der gute Wille in sich widersprüchlich und also als Vernunftwille unmöglich würde. Hier erzeugt der Wille zur Moralität ein Recht zur Hoffnung auf das, was der Mensch nicht leisten kann, was aber die Möglichkeitsbedingung seines sittlichen Wollens ist.

Es ist gerade dieser „postulatorische Charakter" der Hoffnung auf Gottes Weltregiment und rechtfertigende Gnade, durch welchen Kants Vernunftglaube von allem Offenbarungsglauben verschieden ist, seine Religion als „Religion innerhalb der Grenzen der bloßen Vernunft" in Gegensatz zu jedem „Kirchenglauben" tritt. Und durch diesen Gegensatz erweist die kantische Ethik der Hoffnung sich, gegenüber der christlichen Verkündigung, als eigenständig philosophischer Natur.

Nicht nur die Religion, auch und gerade die Philosophie, so scheint das kantische Beispiel zu lehren, ist fähig, den Willen für eine Hoffnung zu öffnen und so über den gegenseitigen Umschlag von Selbstgerechtigkeitsanmaßung in sittliche Verzweiflung und umgekehrt hinauszuführen. Doch zeigt sich bei Kants praktischer Philosophie noch deutlicher als bei der theoretischen Philosophie des Sokrates und Platon, daß sie aus dem Bemühen hervorgegangen ist, den Impuls anzueignen, der von einer religiösen Botschaft ausgegangen ist. Was für Sokrates der Zuruf des Gottes von Delphi war (der ihn vor der Verwechslung menschlicher „Weisheitsliebe" mit göttlicher Weisheit bewahrte), das ist für Kant die christliche Gnadenzusage (die ihn davor zurückhält, das menschliche Streben nach Überwindung des radikal Bösen mit jener göttlichen Vollkommenheit zu verwechseln, die er „Heiligkeit" nennt). „Hier ist nun der Überschuß über das Verdienst der Werke und ein Verdienst, das uns aus Gnaden zugerechnet wird" (Die Religion innerhalb der Grenzen der bloßen Vernunft B 100/101). Auch hier läßt sich der Zusammenhang einsehen. Wo das Gesetz dem Menschen nichts als seine Verurteilung verheißt, kann der Wille zum Gehorsam sich nicht auf den Stolz eigener Leistung, sondern nur auf Hoffnung gründen.

Kant wird gelegentlich „der Philosoph des deutschen Protestantismus" genannt. Die Legitimation für diese Bezeichnung sollte jedoch weniger darin gesucht werden, daß Kant die Gottesbeweise und mit ihnen die „natürliche Theologie" verworfen hat. (Darüber gibt es auch unter sehr bekenntnistreuen evangelischen Theologen durchaus unterschiedliche Meinungen.) Es genügt auch nicht darauf hinzuweisen, daß Kant unter der Überschrift „vom Afterdienst Gottes in einer statutarischen Religion" (Die Religion innerhalb der Grenzen der bloßen Vernunft B 255/314) scharfe Urteile über den Anspruch einer „alleinseligmachenden Religion" (B 271), die Forderung des „Glaubens gewisser statutarischer Sätze" oder des „Begehens gewisser willkürlicher Observanzen" (B 271) ausgesprochen hat. Das „Protestantische" an Kant liegt nicht in solcherlei Polemik, sondern darin, daß er das

Zentrum seiner praktischen Philosophie in einer Ethik der Hoffnung findet, die jener Lehre von der Rechtfertigung des Sünders entspricht, in welcher die evangelische Theologie die „Mitte der Schrift" erblickt. (Kant selbst spricht von einer „Deduktion der Idee einer Rechtfertigung"; ibd. 101.)

Soeben noch erschien die kantische Philosophie als das Gegenbeispiel, um zu beweisen: Nicht nur das Christentum, auch die Philosophie befähigt die praktische Vernunft, sich aus dem Kategoriengefüge von Produzent, Material und Produkt zu befreien und an die Stelle einer Ethik der Leistung eine Ethik der Hoffnung zu setzen. Nun aber zeigt sich: Gerade diese Philosophie entstand durch die Aneignung einer spezifisch christlichen Kritik am menschlichen Willen zur Gerechtigkeit.

d) Das Verhältnis theologischer und philosophischer Lösungsversuche

Wenn es also zu den Aufgaben einer Ethik der Hoffnung gehört, den oben genannten Anspruch des Christentums (seine Verkündigung allein mache eine Ethik der Hoffnung möglich) kritisch zu prüfen, so wird dazu auch die Frage gehören: War die Philosophie nur zur Zeit Kants darauf angewiesen, die Kritik am menschlichen Willen, wie sie in der christlichen Gnadenzusage impliziert ist, in ihr eigenes Programm anzueignen? Oder besteht zwischen der christlichen Botschaft und der Aufgabe, die Antinomien der praktischen Vernunft aufzulösen, ein konstitutiver Sachzusammenhang? Zwei Beobachtungen scheinen dafür zu sprechen, daß ein solcher Sachzusammenhang besteht und daß er nicht nur auf den besonderen Bedingungen der kantischen Epoche beruht. Die erste Beobachtung betrifft die Diskussionslage von heute, die zweite den Zustand der Theologie zur kantischen Zeit.

In der philosophischen *Diskussionslage von heute* nimmt das Thema „Hoffnung" einen besonders breiten Raum ein. Das ist verständlich, weil die Antinomie von Wollen und Wirken uns heute mit besonderer Dringlichkeit bewußt geworden ist. Die

Meinung, die Gesetze der Sittlichkeit des Handelns und die Bedingungen der Wirksamkeit seien so verschieden, daß ihr Gegensatz den Willen zur sittlichen Praxis innerlich aufzulösen drohe, konnte zu Kants Zeiten noch wie der künstlich ersonnene Skrupel eines Theoretikers erscheinen. Heute wird diese Ansicht durch die schmerzliche Erfahrung der Praxis bestätigt. Nicht die hemmungslose Bosheit, nicht einmal die Heuchelei hat sich als die wirksamste Ursache von Unrecht und Gewalt in weltumspannender Größenordnung erwiesen, sondern der „gute Glaube", für die „gerechte Sache" zu streiten und in ihrem Dienste nichts als das Unerläßliche zu tun. (Das gilt von Robespierre bis Hitler und vom Stalinismus bis zum Krieg in Vietnam.) Das Böse, das aus bösem Willen geschieht, ist für die sittlich urteilende Vernunft noch erträglich, weil es ihr als Gegenstand ihrer Verurteilung äußerlich gegenübersteht. Den wahren Skandal der Weltgeschichte aber bildet jenes objektiv Böse, das aus dem vermeintlich oder wirklich subjektiv guten Willen hervorgeht, denn durch diese Art des Bösen wird die Antinomie von Wollen und Wirken offenkundig, die die sittliche Vernunft innerlich auflöst.

Wenn sich eine Ethik der Hoffnung als einziges Mittel zur Überwindung dieser Antinomie erwiesen hat, so ist es verständlich, daß dieses Thema heute besonders ausführlich erörtert wird. Dieser erhöhten Dringlichkeit des Problems steht jedoch die Tatsache gegenüber, daß die Lösungsangebote von heute hinter Kants Antwortversuch zurückfallen. Der Unterschied zwischen Hoffnung und Erfolgserwartung ist zumindest undeutlich geworden. Das hat zur Folge, daß zwar, mit einer gewissen Verbissenheit, ein sittlich motivierter Anspruch auf Hoffnung erhoben wird, daß aber die Erfahrung vom Mißerfolg sittlichen Handelns unbewältigt bleibt und eine Aggressivität erzeugt, die sich als moralisch-politische Polemik gegen die „bösen Anderen" wendet.

Sollte das damit zusammenhängen, daß auch die christliche Theologie den Mut verloren hat, vom „Heil allein aus Glauben" zu sprechen, alle „Werkgerechtigkeit" zu verurteilen und gerade dadurch alle philosophische Ethik positiv herauszufordern? Wenn sogar die Theologie die Hoffnung auf fremde Gerechtigkeit mit der Erfolgserwartung für eigene weltwirksame Aktivität verwechselt, dann fehlt, so scheint es, auch der Philosophie jener Impuls zu einer Ethik der Hoffnung, der noch zu Kants Zeit wirksam war.

Was andererseits den Zustand der Theologie *zu Kants Zeiten* betrifft, so ist vor rückschauenden Idealisierungen zu warnen, auch wenn dieser Zustand gewiß nicht ausschließlich nach Kants eigener Darstellung im „Streit der Fakultäten" beurteilt werden darf. Es ist mindestens nicht offenkundig, ob es jener Theologie (der Lutherischen Orthodoxie wie dem Pietismus) wirklich gelungen ist, das Bekenntnis ihrer Hoffnung in eine theologische Ethik umzusetzen. Dazu genügt es sicher nicht, wenn die Theologie den Handelnden für den Fall des Gelingens Motive der Dankbarkeit, für den Fall des Mißlingens aber Motive des Trostes bereithält. (Was dem Menschen auch auf dem Gebiet der „justitia civilis" gelingt, ist Folge der göttlichen „Erhaltungsgnade", die die Daseinsfähigkeit des Menschen und der Gesellschaft auch „post lapsum" bewirkt, um ihn für die Rechtfertigung durch die „justitia fidei" aufzubewahren; was ihm aber mißrät, braucht ihm den Mut zum Wirken nicht zu rauben, weil er sich an Gottes verzeihender Gnade trösten darf.)

Diesem Zweifel an der Leistung der Theologie zu Kants Zeiten entspricht die theologische Anfrage an Kant, ob es ihm wirklich gelungen sei, die philosophische Ethik zu einer Ethik der Hoffnung zu machen. (Trotz aller Rede von der „Rechtfertigung des Sünders" hat Kant nur dem Rechtschaffenen die Legitimität zu jenen „Postulaten" zugesprochen, in denen seine Hoffnung sich ausspricht.)

Die theologische Kritik an Kants Philosophie enthält also die Anfrage, ob diese ihr eigenes Programm durchgehalten habe. Die Philosophie aber wird an die Theologie die kritische Frage zurückgeben, ob es, auch unter theologischer Perspektive, ausreichen könne, die Menschen bei ihrer allgemeinen Sündhaftigkeit zu behaften und auf jene Gnade zu verweisen, die jeden Sünder gerecht machen kann. Auch theologisch ist die Frage nicht zu vermeiden, wie der Mensch angesichts der drohenden Schuldverstrickung zu klaren Entscheidungsalternativen komme. Wo „alles", was der Mensch leistet, Sünde ist, wo „alles", was ihm gelingt, reine Gabe der göttlichen Gnade ist, und wo schließlich „alles", auch die Sünde des Menschen, im göttlichen Heilsplan zum Mittel des Heilswillens werden kann, da zeigt sich keine Alternative, durch die die sittliche Verantwortung artikuliert werden könnte. Die Theologie der Hoffnung findet auf solche Weise nicht zu einer Ethik. Eine solche Theologie aber tut ihrer eigenen Aufgabe nicht genug und sollte deshalb zurückhaltend sein mit der Kritik an einer Philosophie, die eine Ethik versucht und dabei nicht deutlich genug auf Hoffnung (sondern immer noch zu sehr auf Leistung) bezogen ist.

Für die damalige wie für die heutige Diskussionslage scheint also zu gelten: Die Philosophie und die Theologie entsprechen sich nicht nur in den Themen, die sie behandeln, und in der Aufgabe, die ihnen gestellt ist, sondern auch in den Schwächen, die dabei offenkundig werden. Thema ist in beiden Fällen diejenige Hoffnung, die zu tätigem Dienst an der Gerechtigkeit ermächtigt und zugleich verpflichtet. Die Aufgabe besteht für Philosophie und Theologie darin, die Antinomie von Wollen und Wirken bewußt zu halten (also die Illusion möglicher Werkgerechtigkeit zu überwinden) und zugleich an der Möglichkeit und Verpflichtungskraft des tätigen Dienstes an der Gerechtigkeit festzuhalten (also vor der praktischen Verzweiflung zu bewahren). Der Schwäche einer Theologie jedoch, die zu Kants Zeiten von einem Bekenntnis der Hoffnung nicht zu einer Ethik der Weltverantwortung gefunden hat, entspricht die komplementäre Schwäche einer Philosophie, deren Ethik die Hoffnung mit dem Anspruch verwechselt hat, das Gutgewollte müsse auch zuletzt gelingen. Und der Mutlosigkeit einer Theologie, die in der Gegenwart nicht mehr wagt, vom „Heil allein aus Gnade" zu sprechen, entspricht die Bedenkenlosigkeit einer Philosophie, die „Hoffnung" sagt, wenn sie eine positive Erfolgsprognose menschlichen Wirkens meint. Sollte diese Parallelität der Themen, der Aufgaben, aber auch der Schwächen ein Hinweis darauf sein, daß die Philosophie bis heute noch auf jenen vorantreibenden Impuls wartet, der von einer das Ethos des Welthandelns betreffenden, aber zugleich entschlossen philosophiekritischen und am unverkürzten Verkündigungsauftrag festhaltenden „Theologie der Gnadenhoffnung" ausgehen könnte?

3. *Ideologischer Dogmatismus, ideologiekritischer Skeptizismus und das Problem der Kritik*

Die Frage, wie eine Kritik möglich sei, die die Doppelgefahr von Dogmatismus und Skeptizismus überwinden könne, gehört zu den Grundproblemen des Philosophierens überhaupt. Gerade diese Frage aber ist, wie sogleich zu zeigen sein wird, in der Gegenwart aporetisch geworden. So entsteht der Anschein, als habe die Geschichte der Philosophie in eine Lage hineingeführt, in welcher eine nach wie vor unausweichliche Aufgabe unerfüllbar geworden ist. Eine theologische Vernunftkritik, die auf diese Gegenwartssituation in der Geschichte der philosophischen Bemühungen hinweist, trifft deshalb die Philosophie an einer besonders verwundbaren Stelle.

a) Die Doppelgefahr von Dogmatismus und Skeptizismus

Das Problem der Ermöglichung von Kritik reicht – ebenso wie das Problem der Veränderung des Bewußtseins – bis in die sokratisch-platonische Frühzeit des Philosophierens zurück. Die Urteilsfähigkeit des Menschen wird, so zeigt es eine berühmt gewordene Stelle im „Phaidon", (89d–90e), durch zwei Fehlhaltungen bedroht: Ein Übermaß an Vertrauen in den Logos (der siebente Brief wird sagen: ein Verkennen seiner Schwäche) und eine Vernunft-Verachtung, die in die engste Beziehung zur Menschen-Verachtung tritt. Platon glaubt, beide Gefahren durch einen kunstmäßigen Umgang mit den Beweisgründen (τέχνη περὶ τοὺς λόγους) überwinden zu können.

Eine vergleichbare, aber verschärfte Problemlage zeigt sich bei Kant, wenn er die Kritik als „das Beschwerlichste unter den Geschäften der Vernunft" übernehmen will, um einen Ausweg aus der Doppelgefahr von Dogmatismus und Skeptizismus zu bahnen. Während es bei Platon noch zu genügen schien, die vermeidbaren Fehler der Begriffsbildung, der Urteilsfällung und der Schlußfolgerung durch die auf den Logos bezogene Kunst (die später so genannte „Logik") auszuschließen, geht es bei Kant nicht mehr um die Vermeidung von Kunstfehlern, sondern um das Durchschauen eines unvermeidlichen Scheins. „Regulative Ideen" stellen uns je eine Aufgabe der Vernunft in ihrem Gesamtumfang vor Augen (z.B. die Gesamtaufgabe des „Regressus" von jedem gegebenen Bedingten durch die ganze Reihe seiner Bedingungen bis zur Vollständigkeit des gesamten Bedingungsgefüges); dabei machen diese Ideen unvermeidlich den Eindruck, als werde durch sie nicht etwas Aufgegebenes vor Augen gestellt, sondern etwas Gegebenes erkannt (z.B. das Weltganze als das Ganze derjenigen Bedingungszusammenhänge, in die jedes einzelne Gegebene eingefügt ist). Dieser Eindruck läßt sich nicht vermeiden; aber er läßt sich durchschauen, so daß er aufhört, uns zu täuschen (Kritik der reinen Vernunft, A 296–298).

Eine weitere Verschärfung der Problemlage aber scheint eingetreten zu sein, seit der Dogmatismus in Gestalt von Ideologien auftritt, der Skeptizismus aber in Gestalt des universalen Ideologieverdachts. Durch Argumente wird um die Anerkennung von Tatsachenbehauptungen, Phänomen-Interpretationen und Werturteilen gerungen. Wenn aber dieser Kampf stets und notwendig zugleich ein Kampf um den sozialen Einfluß derer ist, die diese Behauptungen, Interpretationen und Werturteile vertreten, dann scheint „Wahrheit" nur ein anderes Wort für den „Zustimmungs-Anspruch" zu sein, den ein Individuum oder eine soziale Gruppe erhebt. Wenn aber „Wahrheit" und „Zustimmungs-Anspruch" wirklich austauschbare Begriffe sind, dann läßt dieser Sachverhalt sich ideologisch-dogmatisch interpretieren („wer gegen mich bzw. uns ist, ist gegen die Wahrheit"); er läßt aber auch eine ideologiekritisch-skeptische Interpretation zu („wer noch von ‚Wahrheit' redet, will nur seinen sozialen Herrschaftsanspruch verschleiern; wer noch an ‚Wahrheit' glaubt, hat sich dem Zustimmungs-Anspruch fremder Individuen und Gruppen schon prinzipiell schutzlos ausgeliefert").

Die Täuschung, die es dieser Auffassung nach zu überwinden gilt, beruht nicht auf vermeidbaren Kunstfehlern; sie entspringt auch nicht der durchschaubaren Notwendigkeit, „wie einen Gegenstand" zu beschreiben, was seinem Wesen nach kein Gegenstand ist, sondern die Vorstellung vom Totum einer Aufgabe. Vielmehr resultiert sie aus einer Wahrheitserwartung, die der Ideologe dogmatisch für sich ausnützt, während der Ideologiekritiker sie skeptisch hinter sich gelassen hat. Darum scheint in diesem Falle die Überwindung des Dogmatismus nur auf dem Wege der Skepsis möglich zu sein (weil es sogleich dogmatisch wäre, irgendeine Weise des Behauptens, Interpretierens und Urteilens vom Ideologieverdacht auszunehmen). Und wenn der Skeptizismus sich in der Praxis als undurchführbar erweist, weil gesellschaftliches Zusammenwirken und Zusammenleben einen Konsens und dessen Sicherung verlangt, so scheint keine andere Wahl offenzustehen als die eines erneuten Dogmatismus; denn wo der gesellschaftlich unentbehrliche Konsens sich nicht mehr ohne innere Unredlichkeit auf eine gemeinsam erkannte Wahrheit gründen kann, da muß er sich auf die gemeinsam anerkannte Führungsrolle einer Klasse, einer Partei oder einer Überzeugungsgemeinschaft stützen. Wer demgegenüber den Anspruch erhebt, diese Antithese vermöge einer neuen Art von Kritik überwunden zu haben, der sieht sich dem Verdacht ausgesetzt, auf eine besonders wirksame Weise den ideologischen Charakter desjenigen Zustimmungsanspruches verschleiert zu haben, den er seinerseits für die von ihm vorgetragenen Regeln der Kritik erhebt. Und sogar dieser ideologiekritische Skeptizismus unterliegt seinerseits dem Ideologieverdacht. Denn auch die universale Ideologiekritik, die jede Wahrheitsbehauptung auf ein gesellschaftliches Interesse zurückführt, das sich durch den Schein von Objektivität nur verschleiert, ist längst zur Waffe geworden im Streit der Gruppen um Selbstbehauptung und Selbstdurchsetzung in der Gesellschaft.

Wo aber der Kritizismus skeptisch und der Skeptizismus dogmatisch geworden ist, da hat die philosophische Kritik ihre Aufgabe verfehlt, welche darin bestand, die Alternative von Dogmatismus und Skeptizismus zu überwinden: von Dogmatismus, in welchem jede Gruppe sich selbst und nur sich selbst ins Recht setzt, und von Skeptizismus, in welchem jeder Wahrheitsanspruch als bloße Verschleierung eines Machtanspruches verstanden wird.

b) Das Modell: Die religiöse Lehre von „Bildern“ und „Zeichen“

In dieser ihrer eigenen Krise hat die Philosophie allen Anlaß, diejenige theologische Lehre ernsthaft zu prüfen, durch welche das, was sonst unvereinbar scheint, gemeinsam unternommen wird: Begründung des Anspruchs der Glaubenden und der Glaubensgemeinde, eine verpflichtende Wahrheit anzusagen, und zugleich Zurückweisung jeden Versuches, darauf einen Anspruch auf Rechtfertigung oder gar auf Macht zu gründen. Das geschieht durch eine theologische Anthropologie, die den Menschen als „Bild Gottes“ versteht, und durch eine theologische Ekklesiologie, die die Glaubensgemeinde als „Zeichen des Heils“ begreift.

Wenn Gott und sein Heil nur durch das Bild und Zeichen wirksame Gegenwart in der Welt gewinnen, so folgt daraus das Recht des Menschen und der Gemeinde auf Existenz, auf Beachtung dessen, was sie der Welt darzustellen und zu vermitteln haben, und insofern auf gesellschaftliche Wirksamkeit. Wird ihnen dieses Recht verweigert, so gleicht dieses Verhalten dem Ikonoklasmus, der im Zerschlagen der Bilder zugleich der Gottheit und ihrem Heilswirken die Stätte ihrer Gegenwart entzieht. Wenn aber der einzelne und die Glaubensgemeinde zugleich „bloßes Bild und Zeichen“ bleiben, so folgt daraus, daß sie keinen Wert und keine Würde als Eigenbesitz für sich in Anspruch nehmen können; sie unterliegen vielmehr gemeinsam mit der Welt dem Gericht, das sie in ihrer Glaubensbotschaft ansagen, und haben auch für sich selber keine andere Hoffnung als jene unverdiente Gnade, die sie den Hörern dieser Botschaft zusagen. Wenn sie versuchen, sich vom Gericht auszunehmen, sich selbst ins Recht zu setzen und dadurch einen Vorrang vor der „Welt" zu beanspruchen, dann gleicht ihr Verhalten der Idololatrie, die die Gestalt der göttlichen Heilsgegenwart mit der Gottheit und ihrem Wirken selbst verwechselt und darum Götzendienst übt und von anderen Götzendienst verlangt.

Die Philosophie, so hat sich gezeigt, befindet sich heute in einer Situation, in der sie keinen gesicherten Ausweg mehr findet aus dem gegenseitigen Umschlag von ideologischem Dogmatismus in ideologiekritische Skepsis, vom Skeptizismus des universellen Ideologieverdachts in den jeweils neuen Dogmatismus „rettender Systeme". In dieser Lage kann es nicht Aufgabe der Philosophie sein, diejenige Lösung des gleichen Problems ungeprüft zurückzuweisen, die die Theologie auf ihrem Felde entwickelt hat.

Weit eher ist zu fragen, auf welchen Voraussetzungen dieser Lösungsversuch beruht. Denn erst dann läßt sich klären, ob diese Prämissen ausschließlich auf dem Felde der Theologie Gültigkeit haben oder ob sie, bei geeigneter Abwandlung, auch einer philosophischen Bemühung als Modell dienen können.

Um theologisch vom Menschen als „Bild" und von der Kirche als „Zeichen" zu sprechen, ist offenbar eine theologische Theorie der Bilder und Zeichen vorausgesetzt. Diese wird bei einer Klärung jener Funktion der Bilder und Zeichen einzusetzen haben, die deren „Bedeutung" heißt. Nun läßt sich in vielen außertheologischen Anwendungsfällen die Bedeutungsfunktion eines Zeichens oder Bildes als die Eröffnung einer Verstehensmöglichkeit oder als die Vorzeichnung eines Auslegungsimperativs beschreiben. (Das Bild und Zeichen „kann" und „will" auf eine bestimmte Weise ausgelegt und verstanden werden.) Die spezifisch theologische Theorie der Bilder und Zeichen aber beginnt mit dem Nachweis, daß diese Beschreibung der Bedeutungsfunktion nicht ausreicht. Die bloße Verstehensmöglichkeit muß erst vom Betrachter in wirkliches Verstehen verwandelt werden; der bloße Auslegungsimperativ wird erst vom Interpreten realisiert. Das theologisch verstandene Bild und Zeichen aber verharrt nicht in solcher bloßen (wenn auch verpflichtenden) Potentialität, sondern verwirklicht den Bezug zu dem, was es bedeutet, als eine wirkliche Relation, die aller Tätigkeit des Betrachtens und Auslegens ermöglichend vorangeht. Diese Relation zu stiften, ist die spezifische „Wirksamkeit" des Bildes – wobei noch zu prüfen bleibt, ob diese Wirksamkeit noch weitere Folgen habe als die Ermöglichung eines Verstehens. Weil aber diese Wirksamkeit nicht aus der Tätigkeit des Betrachters und Interpreten folgt, sondern ihr ermöglichend vorgegeben werden muß, scheint sie mit dem „Sein" und der „Präsenz" des Bildes und Zeichens mitgegeben zu sein.

Eine angemessene Beschreibung seiner Bedeutungsfunktion schließt deshalb eine Charakterisierung seines „Wirkens" und seines „Seins" mit ein. Das aber verlangt eine grundsätzliche Klärung der Weise, wie Wirklichkeit, Wirksamkeit und Bedeutungsgehalt eines Seienden untereinander zusammenhängen – weit über den speziellen Rahmen einer Anthropologie und Ekklesiologie hinaus. Die Theologie der Bilder und Zeichen impliziert ein (zumeist nicht ausdrücklich geklärtes) Verständnis von „Sein", „Wirken" und „Bedeuten" überhaupt. Dabei beruht die theologische Deutung dieses Zusammenhanges auf der Überlegung, daß die Dinge nur dadurch voreinander und füreinander Gegenwart gewinnen (= einander bedeutsam und wirksam begegnen können), daß sie sich gegenseitig die Gegenwart dessen vermitteln, was sie selber nicht sind. Ihre eigene „Präsenz" beruht darauf, daß sie ein Fremdes „repräsentieren". Die Vergegenwärtigung dieses Fremden ist *wirksam* in der Welt und *bedeutsam* für das Erkennen; dabei setzt diese Bedeutsamkeit jene Wirksamkeit voraus, weil das Bedeutete nur dadurch erkannt werden kann, daß es in seinem Wirken eine neue Realität und zugleich ein neues Bewußtsein schafft.

c) Das Programm: Eine Ontologie der Repräsentation

Eine philosophische Kritik muß sich auf dieses Gesamtverständnis richten, wenn sie die theologischen Spezialaussagen über den Menschen und über die Glaubensgemeinde angemessen beurteilen will. Und die Frage, ob die theologische Anthropologie und Ekklesiologie ein Modell enthalte, an dem auch die Philosophie Möglichkeiten ihrer eigenen Problemlösung ablesen könne, wird sich ebenfalls nur im Blick auf dieses Gesamtverständnis beantworten lassen. Die Beurteilung dieses theologischen Gesamtverständnisses und die Prüfung seiner möglichen Relevanz für die Philosophie erfordern eine *Ontologie der Repräsentation,* d. h. eine Analyse derjenigen Funktionen, auf denen die Möglichkeit wirksamer und bedeutsamer Begegnung von Seienden untereinander beruht.

Die Theologie der Bilder und Zeichen, so hat sich gezeigt, ist für die Philosophie deshalb bedeutsam, weil sie die theologische Antwort auf eine Frage enthält, die auch der Philosophie gestellt ist: die Frage, wie die Alternative von ideologischem Dogmatismus und ideologiekritischem Skeptizismus zu überwinden sei. Es ist in diesem Falle nicht nur die theologische Vernunftkritik, sondern weit mehr noch die Gemeinsamkeit dieser Aufgabe, durch welche der theologische Gedankengang die philosophische Frage veranlaßt, ob und auf welche Weise eine „Ontologie der Repräsentation“ möglich sei.

Die Theologie selber freilich wird diese Möglichkeit aus Voraussetzungen herleiten, von denen nur theologisch gesprochen werden kann. Ihr gilt es als das Vorrecht Gottes, in solcher Weise gegenwärtig zu sein, daß die „Knechtsgestalt“ seiner Erscheinung der Macht seines Wirkens und der Bedeutsamkeit seiner Präsenz keinen Abbruch tut. Und es gilt ihr als die Folge besonderer freier „Stiftungen“ Gottes, wenn bestimmte Dinge, zur „materia sacramenti“ geworden, allen Eigenstand (esse substantiale) nur noch in dem haben, was sie bedeuten und dessen Wirksamkeit sie vermitteln. Analog schließlich gilt es dieser Theologie als die Folge einer speziellen Erwählung, wenn Menschen oder Gemeinschaften von Menschen (als „erwähltes Volk“ oder als „Kirche“ [κυριακὴ ἐκκλησία], d.h. „dem Herrn gehörige Berufungsgemeinschaft“) ihr neues Leben darin finden, wirksam-bedeutsame Zeichen des göttlichen Heilswirkens in der Welt zu sein. Eine „Ontologie der Repräsentation“ ist in diesem Verstehenshorizont sogleich eine Theologie des göttlichen Heilshandelns in Sakrament und Kirche. Das impliziert den Anspruch der sakramental handelnden Kirche, ihre Berufung (Heilszeichen zu sein und weitere Heilszeichen zu setzen) könne allein die Fähigkeit vermitteln, den Anspruch der Wahrheit und Wirklichkeit zu vertreten (also den Skeptizismus des universellen Ideologieverdachtes zu vermeiden), ohne sich selbst absolut zu setzen (also ohne in ideologischen Dogmatismus zu verfallen). Es wird Aufgabe einer Ontologie der Repräsentation sein zu prüfen, ob, in welchem Sinne und vor allem mit welchem Recht aus den Argumenten der theologischen Vernunftkritik ein solcher Anspruch abgeleitet werden kann.

Der Philosoph, so hat sich an früheren Stellen gezeigt, ist geneigt, die früher genannten Ansprüche der Religion bzw. des Christentums abzuweisen, sie allein vermittelten die Fähigkeit zu strukturverwandelnder Erfahrung bzw. zu einem sittlichen Dienst an der Hoffnung. Noch weniger wird der Philosoph bereit sein, einen Anspruch anzunehmen, den die Kirche für ihr sakramentales Handeln erhebt. Freilich müßte er auch in diesem Falle, um seinen Einspruch zu legitimieren, wenigstens andeuten können, auf welche Weise die Philosophie leisten könne, was die Kirche unzweifelhaft häufig geleistet hat: Menschen und soziale Gruppen fähig zu machen, in gesellschaftlich wirksamer Weise für die von ihnen erkannte Wahrheit einzutreten und zugleich sich selbst gemeinsam mit der „Welt“ unter das Gericht dieser Wahrheit zu stellen. Beispiele dafür, wie eine philosophische „Ontologie der Repräsentation“ auszusehen hätte, sind in der Geschichte der Philosophie nur ansatzweise (etwa bei Leibniz) zu finden. Folgerungen für ein Verständnis gesellschaftlichen Wirkens scheinen aus solchen Ansätzen bisher nicht gezogen worden zu sein. So ist die Frage gegenstandslos, ob und aufgrund welcher historischen Bedingungen oder sachlichen Problemzusammenhänge die theologische Herausforderung sich als tauglich oder gar als notwendig erwiesen habe, um die Philosophie auf diesen Weg ihres Fragens zu bringen. Daß jedoch hier Modelle gewonnen werden könnten, die einer philosophischen Erprobung würdig wären, scheint der soeben durchlaufene Gedankengang gezeigt zu haben.

4. Rückblick

In einer ersten Erläuterung der hier vorgetragenen 4. These war von zwei Eindrücken die Rede, die zwar unvermeidlich entstehen, die aber als irreführend überwunden werden müssen. Der erste Eindruck veranlaßte die Meinung, die philosophische Religionskritik bringe die Theologie zum Verschwinden, wenn sie nicht ihrerseits zuvor zum Schweigen gebracht werde. Der zweite Eindruck legte die Meinung nahe, eine im Hören auf die philosophische Religionskritik wieder dialogfähig gewordene Theologie werde so radikal philosophiekritisch sein, daß sie widerlegt werden müsse, wenn Philosophie möglich bleiben soll. Beiden Eindrücken widersprach die These, die hier noch einmal in Erinnerung gerufen sei: „Das Wechselverhältnis von philosophischer Religionskritik und theologischer Philosophiekritik ermöglicht einen Dialog, in welchem die Partner sich weder gegenseitig zum Schweigen bringen noch einander die je eigene Perspektive aufnötigen, sondern erneut auf ihre je besonderen Aufgaben verwiesen werden."

In welcher Weise die Theologie durch das Hören auf die philosophische Religionskritik einen neuen Zugang zu ihren eigenen, spezifisch theologischen Aufgaben finden könne, war schon zuvor geschildert worden. So blieb nur der Hinweis nachzutragen, sogar die drei traditionellen Themen der „Fundamentaltheologie" könnten auf diese Weise neu entdeckt werden. Diejenigen Ausführungen jedoch, die sich an diesen Hinweis anschlossen und nun zu einem vorläufigen Abschluß gekommen sind, waren der komplementären Aufgabe gewidmet: zu zeigen, daß und wie auch die Philosophie, wenn sie sich auf die Argumente der theologischen Vernunftkritik einläßt, nicht sich selber preisgibt, sondern auf ihre eigenen, spezifisch philosophischen Aufgaben zurückverwiesen wird.

Dabei verdeutlicht die theologische Philosophiekritik nur die Unausweichlichkeit von Problemen, die der Philosophie auch aus eigener, zum Teil schmerzlicher Erfahrung bekannt sind. Zugleich aber erscheinen die Argumentationen der christlichen Apologetik wie Modelle zur Lösung dieser Aufgaben. Diese Modelle haben sich teils schon in der Vergangenheit als philosophisch hilfreich erwiesen, teils versprechen sie für die Zukunft eine vergleichbar erhellende Wirkung. Die Titel „Logik der Erfahrung", „Ethik der Hoffnung" und „Ontologie der Repräsentation" sollten Themenfelder und Problemperspektiven benennen, die für die Philosophie auf solche Weise erschlossen werden könnten.

Ein solcher Rückblick und Ausblick aber bestätigt nicht nur die soeben noch einmal wiederholte These, sondern auch und vor allem die zu Beginn dieser gesamten Überlegung geäußerte Erwartung, die Philosophie müsse sich um ihrer eigenen Sache willen eine starke, philosophiekritische und ihrer besonderen Aufgabe bewußte Theologie als Gesprächspartnerin wünschen.

Franz Schupp

Auf dem Weg zu einer kritischen Theologie

Franz Schupp sucht hier einen Weg zu eröffnen, theologische Aussagen intersubjektiv diskutierbar zu formulieren und damit die Theologie von dem oft gehörten Verdacht der Ideologie und Irrationalität zu befreien. Bei der Behandlung von sechs Problemkreisen wird ein einheitliches Ziel verfolgt: den Übergang von der dogmatischen Denkform der Theologie zu einer kritisch aufgeklärten, problemorientierten und damit selbst ‚problematischen' Theologie zu ermöglichen. In diesem Sinn untersucht Schupp 1. die Forderung und Legitimation kritischen Denkens in der Theologie, 2. zwei Reflexionsstufen einer kritischen Befragung der Theologie, 3. Probleme des theologischen Geschichtsbegriffs, 4. das Verhältnis von Theologie und kirchlichem Lehramt, 5. den Begriff Offenbarung, 6. den Theoriebegriff in der Theologie.

Quaestiones disputatae, Band 64

160 Seiten, kart. lam., ISBN 3-451-02064-5

Verlag Herder Freiburg · Basel · Wien

Claude Bruaire

Die Aufgabe, Gott zu denken

In Konfrontation mit der modernen Religionskritik versucht Claude Bruaire, den Gottesbegriff vor der Vernunft zu verantworten, indem er aus dem Erweis der absoluten Freiheit Gottes eine Gottesidee entwickelt, die zu einer vertieften Dimension des ontologischen Gottesbeweises führt. Am Beispiel der Sprache verdeutlicht er, daß die Erfahrung des transzendent-immanenten Geistes jederzeit möglich ist. Von dieser Gottesidee aus behandelt er Fragen der Menschwerdung Gottes, der Begründung der Kirche sowie der freiheitlichen, sozialen und politischen Existenz des Menschen.

120 Seiten, kart. lam., ISBN 3-451-16704-2

Verlag Herder Freiburg · Basel · Wien